本当に
頭がよくなる

1分間 ノート術

One-Minute Tips for Effective Notebook Techniques

石井貴士
Takashi Ishii

SB Creative

「1分間ノート術」を知れば、
今日から
天才への一歩を踏み出せる！

まえがき

「ノート術だって？　別に、ノートなんて、好きなように取ればいいんじゃないの？」

この本のタイトルを見て、そう感じた方もいるでしょう。

そんななか、これまで10年以上セミナー講師をしてきて「この人のノートの取り方は抜群にうまいな」という方は、１００人に１人くらい。

90人ほどは、「そのノートの取り方では、勉強ができなくて仕方がないな」というレベルなのが、実際のところです。

ノートの取り方の必勝法。

私が長年考え続けてきたテーマです。

『1分間ノート術』では、ノートの取り方の「正解」について、あなたに詳しく伝授していきます。

中学生、高校生から、社会人の方まで、ノートを取る機会は、ほぼ毎日あります。にもかかわらず、「ノートの取り方の必勝法を知らない」「ノートの取り方なんて、考えたこともない」という方がほとんどなのです。


あなたの頭のなかがぐちゃぐちゃだとしたら、それは、ノートの取り方がぐちゃぐちゃだからです。


同じ授業を受けて、成績が上がる人もいれば、上がらない人もいます。

ノートに書いている内容の違いが、成績の違いを生み出しているのです。

いつもあなたの手元にあるにもかかわらず、ノートの使い方を学ぼうとしたことは、人生でほとんどないはずです。

そう。**まさに、勉強法の「盲点」とも言える部分が、「ノート術」なのです。**

ならば、この「盲点」を克服することで、あなたの頭は、いきなりよくなる可能性を秘めているのです。

One Minute

エジソンは、「3700冊のノート」で成功した!

「メモこそ命の恩人だ」(エジソン)

エジソンは、メモ魔でした。

自分の人生において、メモすることが、いかに大切かをわかっていたのです。

あなたはノートを取るということに、どこまで命を懸けているでしょうか。

「え？　命を懸けるなんて、大げさな！」と思った方も多いでしょう。

だとしたら、あなたはおそらく、ノートを取ることの重要性そのものにも気づいていないレベルなのです。

エジソンのような天才が、ノートを取ることをこの上なく重要視していたのです。ならば、あなたもノートを取るということに、もっと真剣に向き合うべきなのです。

エジソンは、ノートを3700冊遺《のこ》しました。

困ったときには、そのノートを見返すことでインスピレーションを得て、次の発明につなげていったのです。では、あなたにお聞きします。

あなたは、今、何冊ノートを持っていますか？

困ったときにノートを見返す習慣をつけていますか？

ほとんどの人が、持っているノートは100冊以下で、忙しくてノートを見返したことさえないのではないでしょうか？

それでは、あなたの成績を上げることは難しいと言わざるを得ません。
仕事の業績も、飛躍的に上げることはできないでしょう。

考えてみてください。
あなたがエジソンと同じくらいの量のノートを作成することができ、それを見返す習慣ができていたとしたら、どうでしょう？

それならば、あなたも天才と同じレベルの業績を上げることができるようになるのではないでしょうか？

One Minute

ダ・ヴィンチは「ノート」を大切にしたから、あらゆる分野の天才になれた

なぜ、エジソンはメモ魔になったのか。

エジソンには尊敬する人物がいました。

その人物こそ、あらゆる分野での天才と言われたレオナルド・ダ・ヴィンチでした。

アインシュタインでさえ、物理学という分野だけでしか成功していません。

エジソンも、発明分野以外で成功しているわけではありません。エジソンが自分よりもすごいと思っていたのが、レオナルド・ダ・ヴィンチだったのです。


レオナルド・ダ・ヴィンチが大量のノートを遺しているのを見て、「自分も同じことをすれば天才になれる」と考え、彼のまねをしたのです。

「レオナルド・ダ・ヴィンチ→エジソン→あなた」という順番で、ノートの大切さに気づけば、あなたも偉大な業績を残すことができるのです。

レオナルド・ダ・ヴィンチのノートは、1ページ、もしくは見開きで1つのテーマについて書かれているのが特徴です。

それでいて、図解されています。

見た瞬間そのテーマについて「1秒」で彼のなかではわかるように作られています。

復習をするときを想定して、見やすいノートをあらかじめ作っていたのです。

One Minute

「1ページ1秒」で見返すノートを作るのが、ノート術の極意

1ページを1秒で見返せるようにノートを作成しましょう。

レオナルド・ダ・ヴィンチのノート

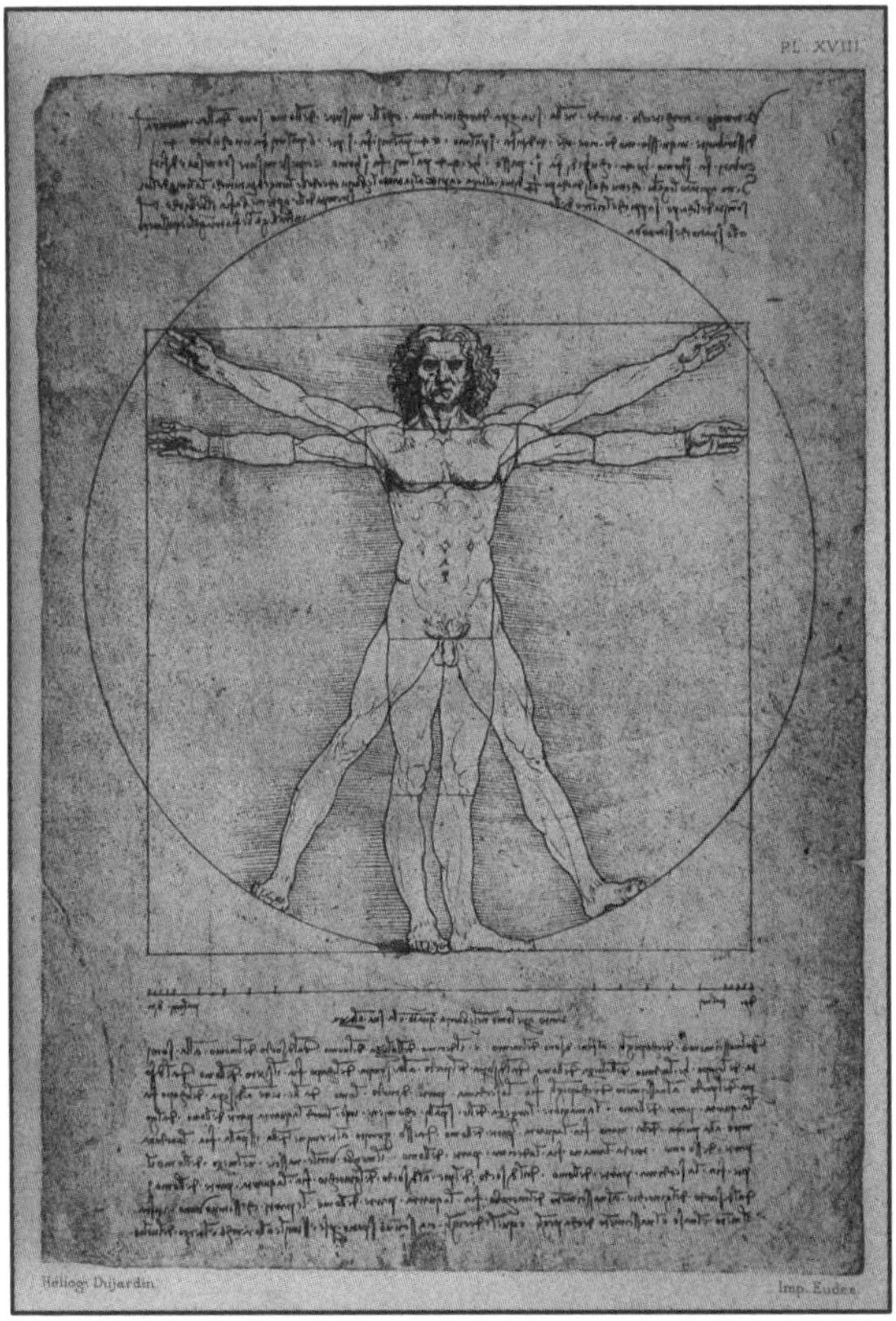

**レオナルド・ダ・ヴィンチも、
図を用いるなどして、ノートを
「見やすく、わかりやすく」まとめていた**

そうすれば、1ページ1秒として、60ページを「1分」で見返すことができるようになります。これが、私の提唱する**「1分間ノート術」**です。

あなたのノートは、1ページ1秒で見返すことができるようになっていますか?

ほとんどの人のノートは、見返すことを前提に作成されていません。
その場の勢いで、何も考えずにノートを取っています。
それが原因で、復習するのが面倒臭くなって、そのままになってしまうのです。

常に、1ページ1秒で復習するために、ノートを取り続けること。

これこそが、ノート術の必勝法です。

では、どのようにノートについて考え、どのようにノートを取っていけばいいのか。

これから、じっくり解説していきます。


レオナルド・ダ・ヴィンチの精神を、エジソンが受け継ぎました。

今度は、あなたがノート術に目覚め、天才になる番です。


あなたはとてもラッキーです。

レオナルド・ダ・ヴィンチよりも、エジソンよりもあとの、現代という時代に生まれているからです。


すでに、数多くのノートを残すことで天才的な発想を生み出せると、今ここで理解したはずです。

ならば、あなたも正しいノートの取り方を学んでその通りにすれば、天才になれるのです。

今まであなたは、勉強ができなかったかもしれません。
仕事もうまくいかなかったかもしれません。

そんなあなたも、今日、この瞬間に、ノート術を学んでしまえば、天才への一歩を踏み出せるのです。

1秒で見返すことができる、3000冊以上のノートを作る。
それができれば、あなたもきっと成功します。

さあ、この本を通して、一緒にノート術について学んでいきましょう。
栄光は、あなたのすぐ目の前にあるのですから。

石井貴士

本当に頭がよくなる

1分間ノート術

目次

Contents

chapter 1

One-Minute Tips for Effective Notebook Techniques

まずは
ノートを取る
目的を明確にする

chapter 2

One-Minute Tips for Effective Notebook Techniques

A4ルーズリーフと A5ノートを 同時に使いこなす

chapter 3

One-Minute Tips for Effective Notebook Techniques

授業を聞くときのノート術

chapter 4

One-Minute Tips for Effective Notebook Techniques

成績を上げるためのノート術

Contents

chapter 5

One-Minute Tips for Effective Notebook Techniques

記憶に定着させるノート術

chapter 6

One-Minute Tips for Effective Notebook Techniques

右脳を活性化させるノート術

Contents

chapter 7

One-Minute Tips for Effective Notebook Techniques

スケジュールを立てるためのノート術

chapter 8

One-Minute Tips for Effective Notebook Techniques

４色の文房具活用術

Contents

chapter 9

One-Minute Tips for Effective Notebook Techniques

1ページ1秒で復習するためのノート術

Contents

chapter 10

One-Minute Tips for Effective Notebook Techniques

勉強を楽しくするためのノート術

Contents

chapter 1

まずは
ノートを取る
目的を明確にする

One-Minute Tips for Effective Notebook Techniques

One-Minute Tips for Effective Notebook Techniques

01 ノートの取り方を変えると、偏差値30から70になれる！

chapter 1

最強のノートとは、「記憶喪失になったとしても、そのノートを見るだけで、あなたが復活して大成功できる」、そんなノートです。

ほかの誰かが成功するのではなく、あなただけが復活するノートを作るのです。

私は、無職のときに、「これを見るだけで、記憶喪失になったとしても、いつでも億万長者になれるノート」を作っていました。

そう。極端に言えば、**ノートを取るときは、記憶喪失になった場合を想定して、**

ノートを取るのです。

私は、大学受験時代には、「これを見るだけで、記憶喪失になったとしても、いつでも偏差値70になれる世界史ノート」を作成していました。

実際に、受験本番直前にはそのノートを見返しただけで、古代史から近代史まで、ほぼ満点を取れるようになっていました。

ほとんどの人は、「備忘録《びぼうろく》」程度にノートを取っています。

そうではなかったとしても、「先生の言っていることで、大切なことをノートに取ろう」と思ってノートを書いています。

それでは、テンションが低すぎます。

記憶喪失になったとしても、これを見ただけで復活できるか？と逆算して考えて、ノートを取るのです。

そうやって考えて初めて、素晴らしいノートを作成できるのです。

「1ページ1秒」で見返せることを前提にノートを書く

どれだけ素晴らしいノートを作ったとしても、読み返すのに時間がかかってしまうノートであれば、ダメなノートです。

復習するときのことを考えて、そこから逆算して、今ノートを取るのです。

1ページ1秒で見返せるノートを作るのがゴールです。

ごちゃごちゃ小さい字で書き込むのではなく、大きな字で、ゆったりと書くノートが正解です。

多くの人が、「ノートがもったいない」と言って、文字でびっちり埋め尽くすようなノートを取っています。

ノートは大きな字で
ゆったり書く

×

小さな字で、びっしり
書き込まれたノート

○○○○○○○○○○○○○○○○○○○○○○
○○○○○○○○○○○○○○○○○○○○○○
○○○○○○○○○○○○○○○○○○○○○○
○○○○○○○○○○○○○○○○○○○○○○
○○○○○○○○○○○○○○○○○○○○○○
○○○○○○○○○○○○○○○○○○○○○○
○○○○○○○○○○○○○○○○○○○○○○
○○○○○○○○○○○○○○○○○○○○○○

◎

大きな字で、ゆったり
書き込まれたノート

○○○○○○○○○
○○○○○○○○○
○○○○○○○○○

1ページ1秒で見返せるノートにする

でも、それは間違いです。

「これはもったいないな」と思うくらいのノートの取り方をすべきなのです。

ほかの人が1ページ使っているところで、あなたは4ページ使っているくらいで、ちょうどいいゆったり感です。

そうしないと、復習のときに、1ページ1秒以上の時間がかかってしまうのです。

02 ノートは「7ミリ間隔」の広いものを使おう

chapter 1

ノートは、狭い間隔のものではなく、広い間隔のものを使いましょう。
オススメは、7ミリ間隔のノートです。

書くときは必ず、1行空けて書くようにします。
行と行の間に1行空けておけば、間違ったときにも訂正しやすいからです。

前の行と続いている文章であれ、1行空けて書きます。

前の行と別の文章になる場合、2行空けて次の文章を書きます。

そのくらいしないと、ゆったり感は出ません。

慣れない人にとっては、「なんてもったいないんだ」と思うことでしょう。

違うのです。

次に復習するときに、1秒で復習するために、心を鬼にするのです。

小学校時代、隣に座っていた貝塚《かいづか》くんという男の子から、

「先生！　石井くんが、ひどいノートの取り方をしています。紙の無駄遣いです！

先生が叱ってください！」

と、いきなり授業中に言われたことがありました。

ノートは1行空けて書く

✕ **細かい字でびっしりとノートを取る**

622年、ムハンマドは迫害を逃れるため
メッカを脱出し、北に300km離れたヒ
ジャーズ中部のヤスリブという街に移住
した。このムハンマドがメッカから逃れ
た事件をヒジュラ(聖遷)と言う。

◎ **1行空けて、ゆったりとノートを取る**

622年、ムハンマドは、

迫害を逃れるためメッカを脱出し、

北に300km離れたヒジャーズ中部の

1行の間隔は7ミリのものがオススメ!

貝塚くんは、細かい字でびっしりとノートを取るタイプ。

それに引き替え、私は大きな字でゆったりすぎるノートの使い方をしていたのです。

結局、先生は、「ノートの取り方は、人それぞれだからねえ」と言って、終わりました。

貝塚くんは、自分の意見が聞き入れられず、授業が終わっても釈然《しゃくぜん》としない表情をしていました。

私は小学生当時から、ノートを取るときは、ゆったり取らないと意味がないと確信していたのです。

ノートを取る意味は、復習するときに、いかに時間を短縮できるかが勝負だと思っていました。もし、先生から怒られたとしても、決して曲げなかったでしょう。

ノートは、ゆったり書いてナンボなのです。

03 ルーズリーフの「右側だけ」しか使ってはいけない

chapter 1

ノートは、右側しか使わないようにしましょう。

「え？　それはもったいない！　何を考えているんだ。左側を空白にするなんて」と思う方も、きっといるでしょう。

「それは、石井さんがお金持ちの家庭に生まれたからであって、貧乏な僕には合わないやり方です」と反発する方が現れるかもしれません。

成績が上がらない方は、勉強するときに「もったいない」という言葉を使います。

成績が上がる人は、「お金をかけてでも、最速で成績を上げよう」とします。

「ノートは、ぜいたくに使うものだ」と考えを改めましょう。

復習しやすいようにするために、余白だらけで使うのが正しいノートの取り方です。

ノートは「右側だけ」しか使ってはいけない 左側は、何も書かない

ノートは右側にだけ、余白をたっぷり取りながら書きます。

なぜ、左側を空けておくのか？と言うと、いずれ切り取って、別のノートに貼ることができるようにしておくためです。

同じページに、徳川家康のことと、織田信長のことを書いたとします。

ルーズリーフの右側にだけノートを取る

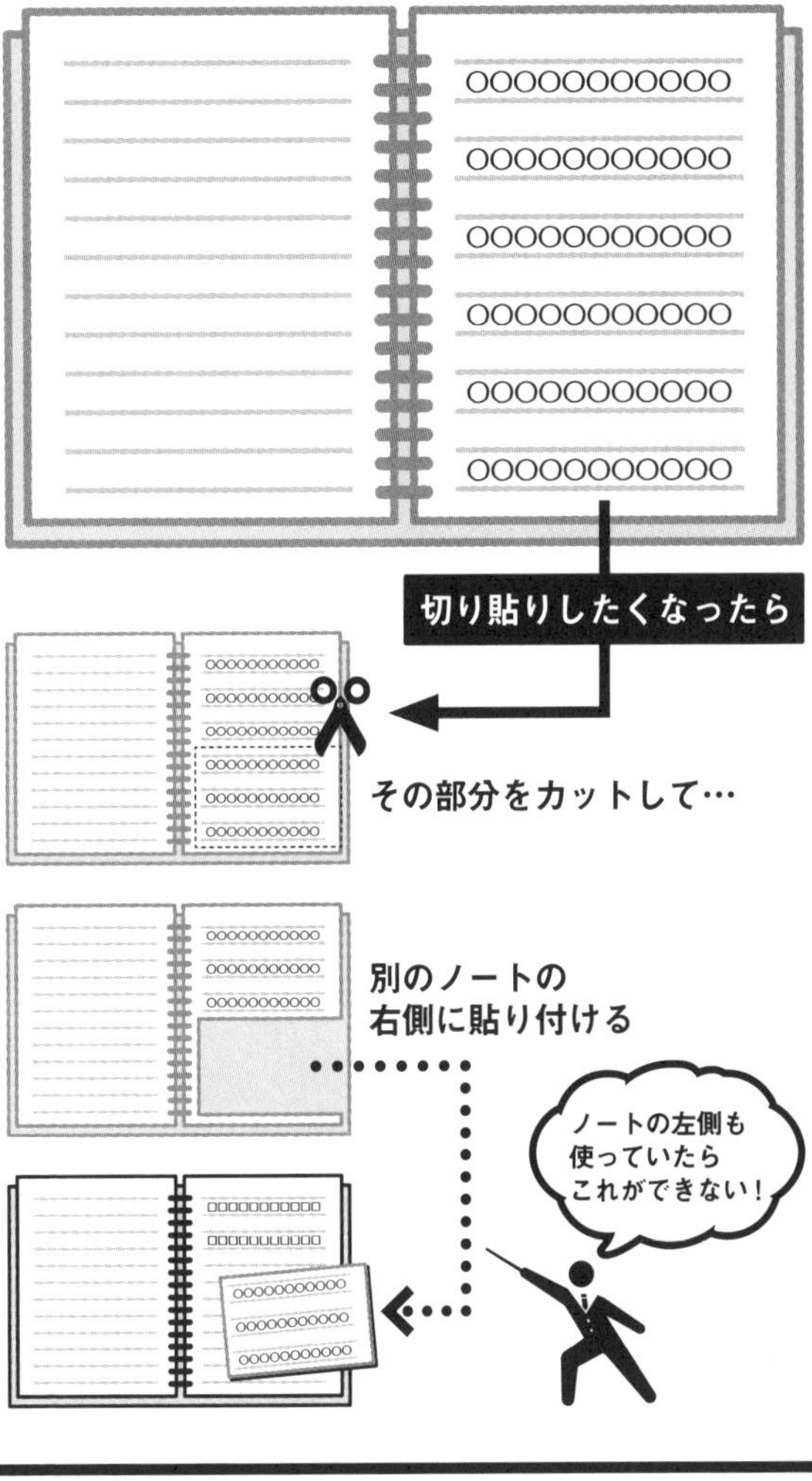
切り貼りしたくなったら
その部分をカットして…
別のノートの
右側に貼り付ける
ノートの左側も
使っていたら
これができない！

いずれ、徳川家康でまとめたい、織田信長でまとめたいと思ったら、そのページを切って、別のノートに貼ればいいのです。

もし、裏に何か別のことが書いてあったら、切り貼りするときに、いちいちコピーを取らなければいけなくなります。

いずれ、まとめることがあるかもしれないと逆算すると、ノートは右側しか使ってはいけないのです。

そうなると、ノートよりもルーズリーフのほうが使いやすいということになります。

学生時代は、ルーズリーフではなく、ノートばかりを使っていました。

結局、切り貼りをすることも考えて、今の私はルーズリーフに落ち着いています。

7ミリ間隔で、30穴のA４ルーズリーフです。

そのルーズリーフの片面だけを、ゆったりと使っています。

左に30穴が開いている状態です。

もし、1行1行空けずにびっちりとノートを取っていたら、はさみで切るときに、キッキッになります。

最低でも1行空ける習慣をつけておけば、はさみで切りやすいのです。

常に、ノートは、「いずれこう使うかもしれないな」と逆算して取るのが正解なのです。

04 資料に直接メモはしない。「ノート」にメモしよう

資料があると、その資料に書き込んでしまう人がいます。

もちろん、何度も使う参考書であれば、どんどん書き込むべきです。教科書にも、書き込みをするべきです。

ですが、先生から渡されたプリントには、書き込まないようにしましょう。会議の資料にも書き込まないようにします。

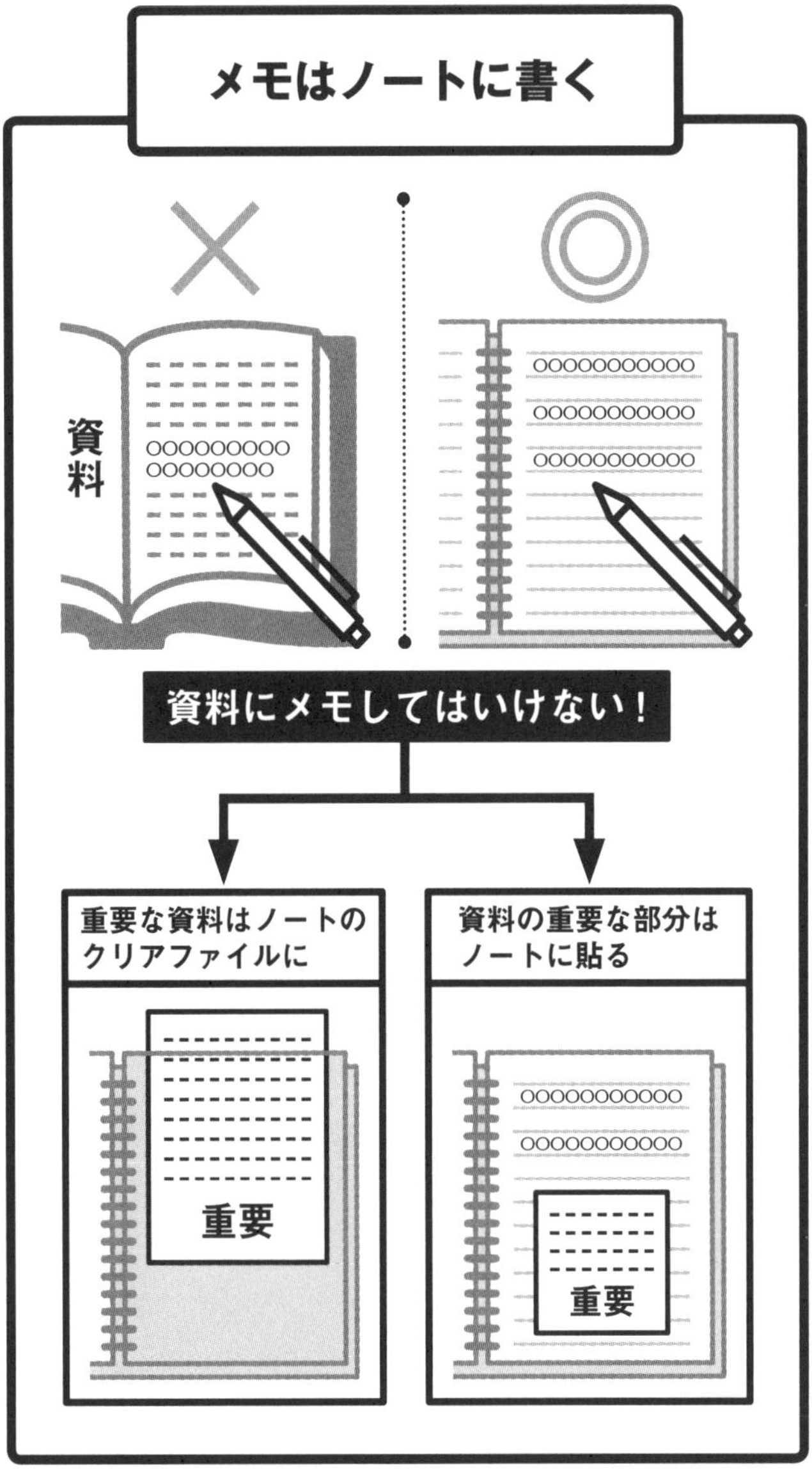
メモはノートに書く
資料
OOOOOOOOO
OOOOOOOO
OOOOOOOOOOO
OOOOOOOOOOO
OOOOOOOOOOO
資料にメモしてはいけない！
重要な資料はノートのクリアファイルに
重要
資料の重要な部分はノートに貼る
OOOOOOOOOOO
OOOOOOOOOOO
重要

書くときは、プリントではなく、ノートに書く。

これを徹底しましょう。

プリントに大切な部分があれば、それを切り取って、ノートに貼るのです。

あくまで、ノートが主《しゅ》、プリントは従《じゅう》なのです。

資料はいつかなくしますが、ノートはなくさないからです。

資料を取っておきたいと思ったら、A４のルーズリーフのファイルの後ろにある、クリアファイルの部分に入れておきます。

そうすれば、当面の間はなくしません。

常にA４のルーズリーフを主体にします。

雑誌の切り抜きや大切な資料は、切ってルーズリーフに貼り付けます。

もし、資料そのものが重要であれば、バインダーのクリアファイル部分にどんどん入れていけばいいのです。

One Minute

パソコン、スマートフォンをノート代わりにしてはいけない

勉強したことは、手書きでノートに書きます。

そのほうが、頭が整理されます。

先生から言われたときに、目の前で直接ノートパソコンをたたいてメモを取っている人がいます。

それだと、話している先生に対して失礼ですし、キーをたたく音が、ほかの生徒の迷惑になります。

パソコンで文字を打っていたら、その生徒がどのレベルの理解力なのかが、先生にはわかりません。

ノートのまとめ方を見て、「この生徒は理解しているな」と、先生は判断するのです。

最悪なのは、先生から言われていることをスマートフォンにメモしている生徒です。「スマートフォンをいじって、ゲームでもしているのではないか」と先生から疑われる可能性が出てきます。

「先生の側から見て、好かれる生徒になれるか？」という観点でノートを取りましょう。

あなたが先生だったら、目の前でパソコンをたたかれたり、スマートフォンにメモをされたら、不快な気分になるはずです。

手書きでノートに書いている生徒のほうが、「こいつはおれの言うことがわかっているな」と先生から思われるのです。

chapter 2

A4ルーズリーフと A5ノートを 同時に使いこなす

One-Minute Tips for Effective Notebook Techniques

01 「A4ルーズリーフ」の左右に線を引いておく

私が現代のレオナルド・ダ・ヴィンチだと思っているのは、中谷彰宏先生です。

ビジネスにも恋愛にも、あらゆるジャンルに精通していらっしゃいます。

９７０冊以上の本を出版されていて、まだ言いたいことの１％にも満たないというくらいの知識を持たれています。

中谷先生のノートをちらっと拝見する機会に恵まれたのですが、ルーズリーフの右側しか使わず、しかも、左右３・５センチのところに線が引かれていたのです。

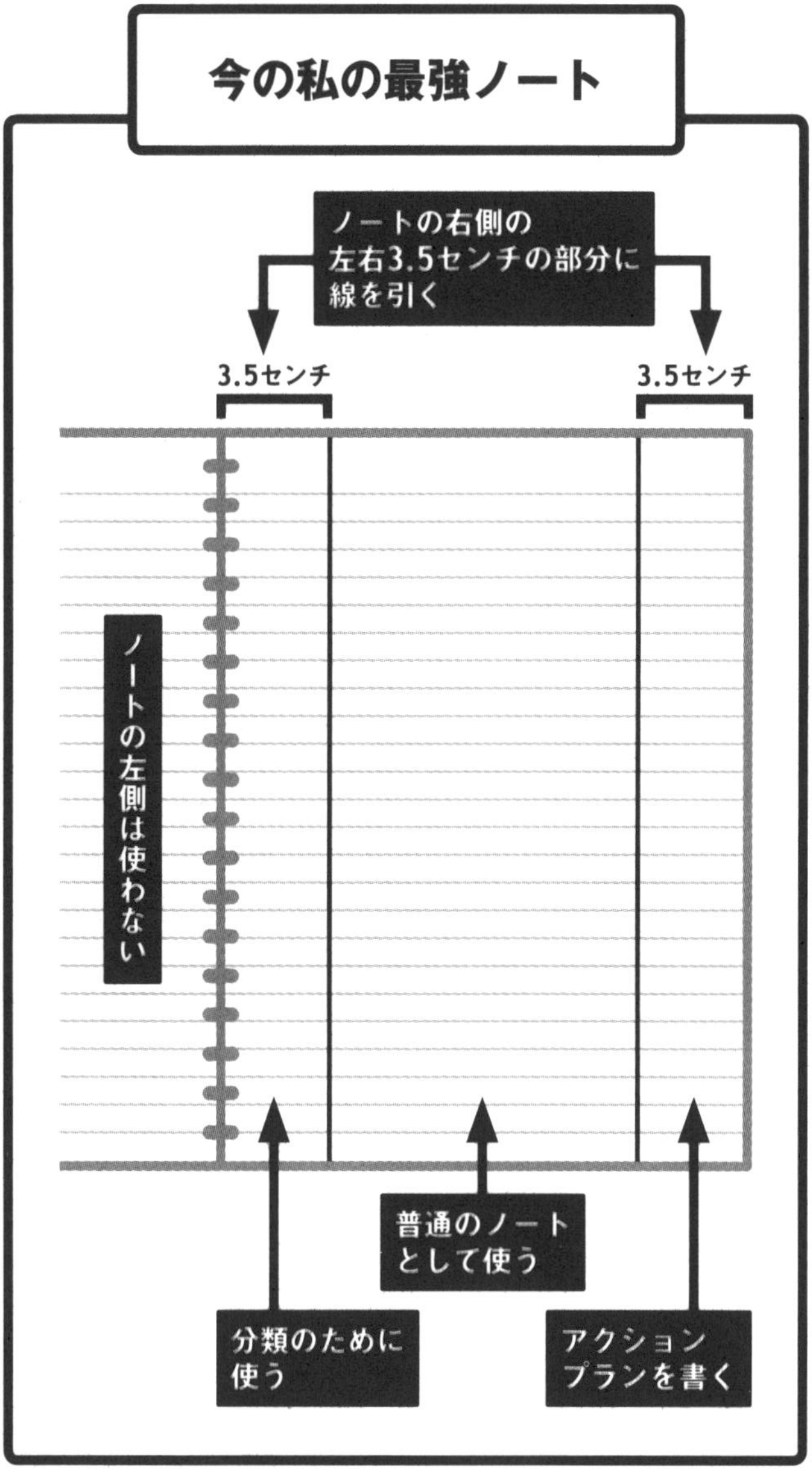
今の私の最強ノート
ノートの右側の左右3.5センチの部分に線を引く
3.5センチ
3.5センチ
ノートの左側は使わない
普通のノートとして使う
分類のために使う
アクションプランを書く

その瞬間に、「そうか！　そうすればいいんだ！」と使い方がひらめき、それ以来、常にルーズリーフの左右3・5センチに線を引いてから、ルーズリーフを使うようにしています。

右にアクションプランを書き左は分類のために使う

では、どうやって使うのかと言うと、当然ですが、真ん中の部分は普通のノートとして使います。

右の部分には、先生の話を聞いて「これをやろう」と思った、具体的なアクションプランを書きます。

「○○という本を買う」「光るカフスを買いに行く」など、行動することを右の余白に書くのです。

左側の部分は、分類のために使います。

映画の話、ビジネスの話、恋愛の話など、先生の話題が切り替わるごとに、テーマを書きます。

そうすると、いずれはさみで切り取るときも、切り取りやすいのです。

両側の、3・5センチのところに、黒で線を引いておく。
右側にアクションプラン。
左側に分類したテーマを書く。
真ん中は、普通のノートと同じ使い方をする。

これが、今の私の最強ノート術です。

エジソンがレオナルド・ダ・ヴィンチからノートの使い方を学んだように、私は、中谷彰宏先生からインスピレーションを得た、ノートの使い方をしているのです。

One-Minute Tips for Effective Notebook Techniques

02 携帯用のノートは「A5の薄いもの」を使う

「いつもA4のルーズリーフを携帯しているのですか?」

と聞かれることがあります。

もちろん、かさばるのでルーズリーフは持ち歩きません。

その代わりに、携帯用のノートを持ち歩いています。

その際に、どういったものを使えばいいのかと言うと、

chapter 2

①A5サイズである
②リング式である
③罫線の間隔が7ミリである
④50枚の薄型サイズである

この4つを満たしているものがベストです。

One Minute

「携帯用ノート」もあとで切り取ることを前提に使用する

①ですが、A5サイズだと、いずれ切り取ってルーズリーフに貼るときに、ちょうど3分割したルーズリーフの「真ん中部分」に貼り付けることができます。

携帯用のノートも、もちろん右側だけを使います。

切り取るときに、裏に何も書いていない状態を作るためです。

A5サイズだと、左右3・5センチの枠内から、ちょっとはみ出るくらいの大きさなので、貼り付けやすいのです。
②のリング式であるというのは、いずれ切り取ることを前提にしているからです。ノート式だと、切り取りづらくなってしまいます。
③の罫線の間隔が7ミリというのは、ルーズリーフと同じ間隔に合わせるためです。切り取って貼るということから逆算しているのですから、当然です。
④の50枚の薄型サイズにしているのは、持ち運びのときに、かさばらずに軽くしておくためです。
切ってルーズリーフに貼ったり、いらないところをちぎって捨てたりすれば、さらに軽くなっていきます。

ちなみに、私のお気に入りは「コクヨ キャンパスノート ツインリング ドットノート（ス-T135ATN）」です。

A4ルーズリーフに関しては、理想を言えば、すでに左右に3・5センチの線が引いてあるルーズリーフが存在すれば、もちろんベストです。

残念ながらこの本が出版されている時点では存在しないので、自分で線を引くしかありません。

いずれの登場を期待したいところです。

どのノートを使うか？ を戦略的に考え、復習するところから逆算して使うのが、ノート術のあり方なのです。

03

手帳は持ち歩かず「ノートカバー」を使おう

手帳をノート代わりにするのは、やめましょう。

というのも、去年の手帳は、今年は使わなくなってしまうからです。

いずれ切り取ってまとめることから逆算すれば、「手帳にメモをする」という行為はあり得ないのです。

3年前のことでも大切なことはあるはずなのに、手帳を使っていたら、年度が切り替わった瞬間に、以前の手帳は持ち歩かなくなってしまいます。

手帳を使うのであれば、ジャンルごとに分けて、家に置いておきましょう。
日記帳も、持ち歩かずに、自分の部屋にしまっておきましょう。
常に携帯用のノートを持ち歩けば、切り取って日記帳に貼り付けることもできます。

スケジュール帳は、コピーをして、ノートカバーに挟《はさ》んでおきます。
持ち歩くのは、A5サイズの携帯用ノートのみ。
授業や講義があるときは、A4ルーズリーフも持ち歩く。
というスタイルにしておけば、荷物も最小限にすることができるのです。

重いバインダー手帳をやめて「ノートカバー」にすれば軽くなる

よく、パンパンになったバインダー式の手帳を携帯している人がいます。
パンパンになっている時点で、整理ができていないことを証明してしまっています。

スケジュール帳は、1ヶ月分のものをコピーして、ノートカバーに挟んでおきます。

そうすれば、1枚で済みます。

ノートカバーには、名刺サイズのものを入れるポケットがあります。

ノートカバーにSuicaを入れておけば、改札を通る瞬間に、何か思いついたときに、とっさにメモをすることもできるのです。

私はキーケースとノートカバーの2か所に、Suicaを入れています。

キーケースに入れているSuicaがメインですが、すぐに見つからないときのためのバックアップ用にノートカバーにも入れています。ノートカバーは、

①スケジュール帳のコピーを挟める

②Suicaを入れておける

という2つの役割を果たせるのです。

ノートカバーを使えば、整理しやすい

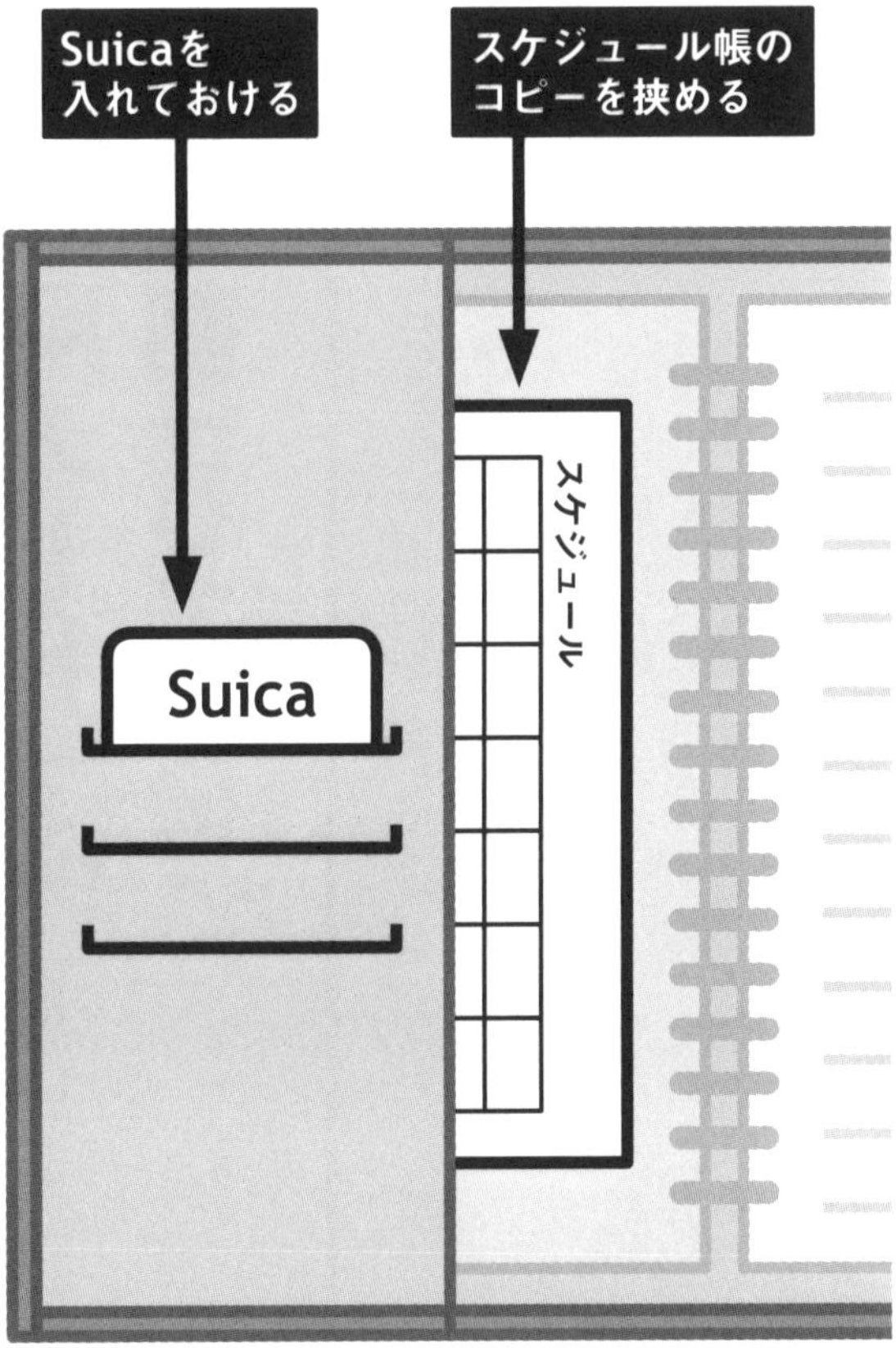

ノートカバーを使えば、整理しやすく、持ち運びもラクになる

04 「携帯用ノート」は「3分割」して使う

携帯用ノートは3分割します。

先頭から10枚くらいは、前回からのノートで、今月も大切だと思えるところを、切り貼りします。

前回のノートのなかで、Ａ４ルーズリーフにまとめられるものは移行しますが、それ以外で、今月も重要だと思えるところを切って、セロハンテープで貼るのです。

携帯用ノートは引き継ぎながら使う

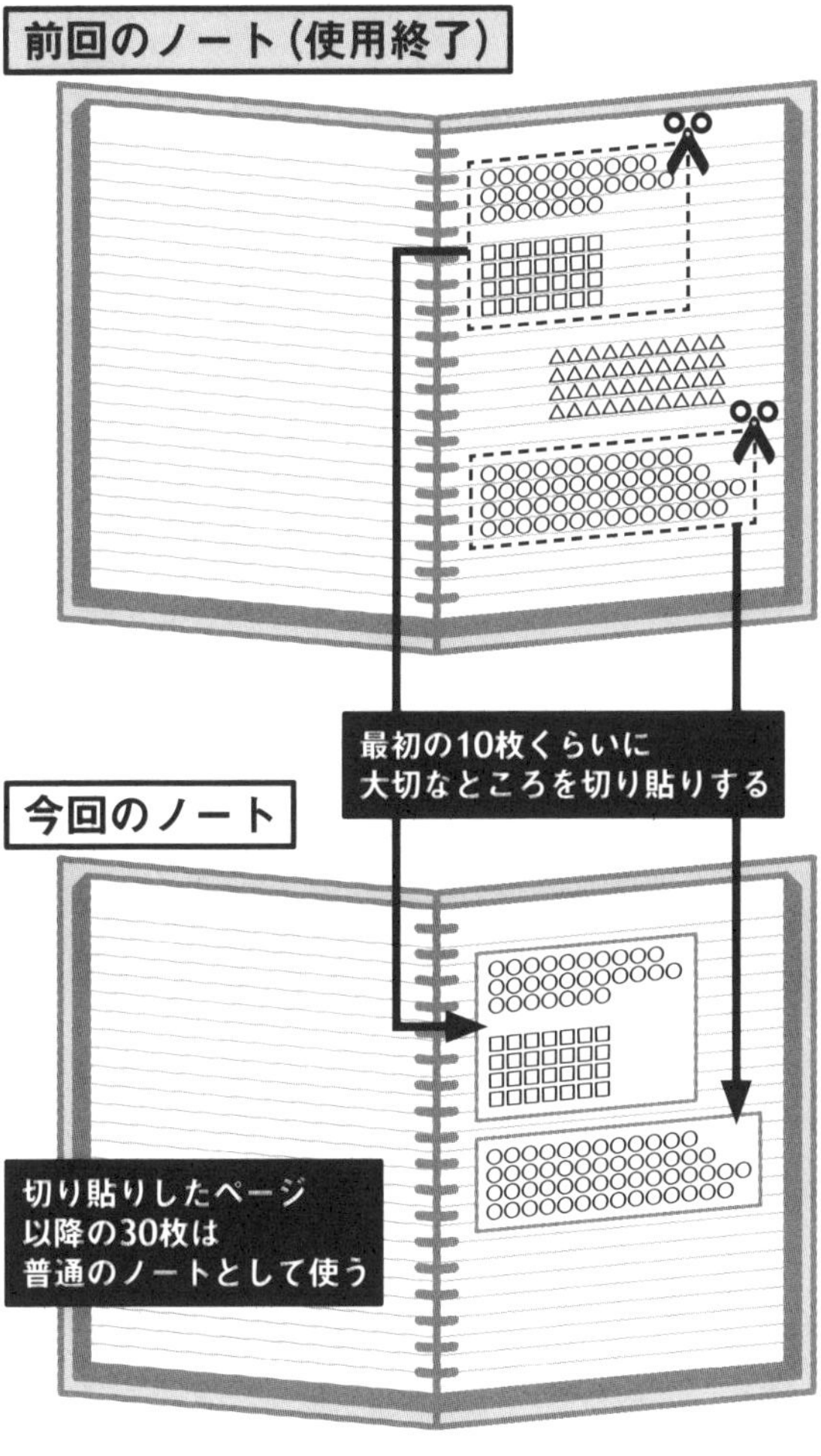
前回のノート（使用終了）
最初の10枚くらいに
大切なところを切り貼りする
今回のノート
切り貼りしたページ
以降の30枚は
普通のノートとして使う

前回のノートに書いていたにもかかわらず、できなかったことや、繰り越しになっているところを引き継ぐのです。

これで、携帯ノートに連続性ができます。

ノートの右側だけに、切り貼りをします。

さらに次のノートに繰り越す場合に、切り貼りするためです。

前回のノートの切り貼りが終わったら、そのページ以降は、普通のノートとして使います。

もちろん、ノートの右側だけを使います。

これを繰り返すことで、携帯ノートは、あなたにとって最強のノートになるのです。

「50枚」のノートでも、実際には「30枚」しか使わない

後半10枚は、今は必要だが、いずれちぎって捨ててもいいことに使います。

たとえば、「今月のやることリスト10」「人生で実現することリスト10」といった目標設定を書くことに使います。

「田中さんの携帯番号は、090－○○○○－××××」といった、一時的なメモのためにも使います。

この部分は、用が済んだら、どんどんちぎって捨てます。

そうすれば、その分だけノートを薄くすることができるのです。

いつもノートは右側しか使いませんが、最後の10枚の部分に関しては、裏面にも書き込みます。

将来、切り貼りすることはなく、どうせ捨てる部分だからです。

50枚のノートのなかで、最後の10枚は、破って捨てるための部分だと考えて、逆算して何を書くべきかを決めるのです。

前半10枚は前回の繰り越し部分、後半10枚は破って捨てる部分にすると、実は、50枚のノートは、30枚しか使わないことになります。

しかも、右側だけしか使いません。

ぜいたくに使ってこそ、ノートの本領が発揮されるのです。

携帯用ノートの後半10枚は「捨てる」部分

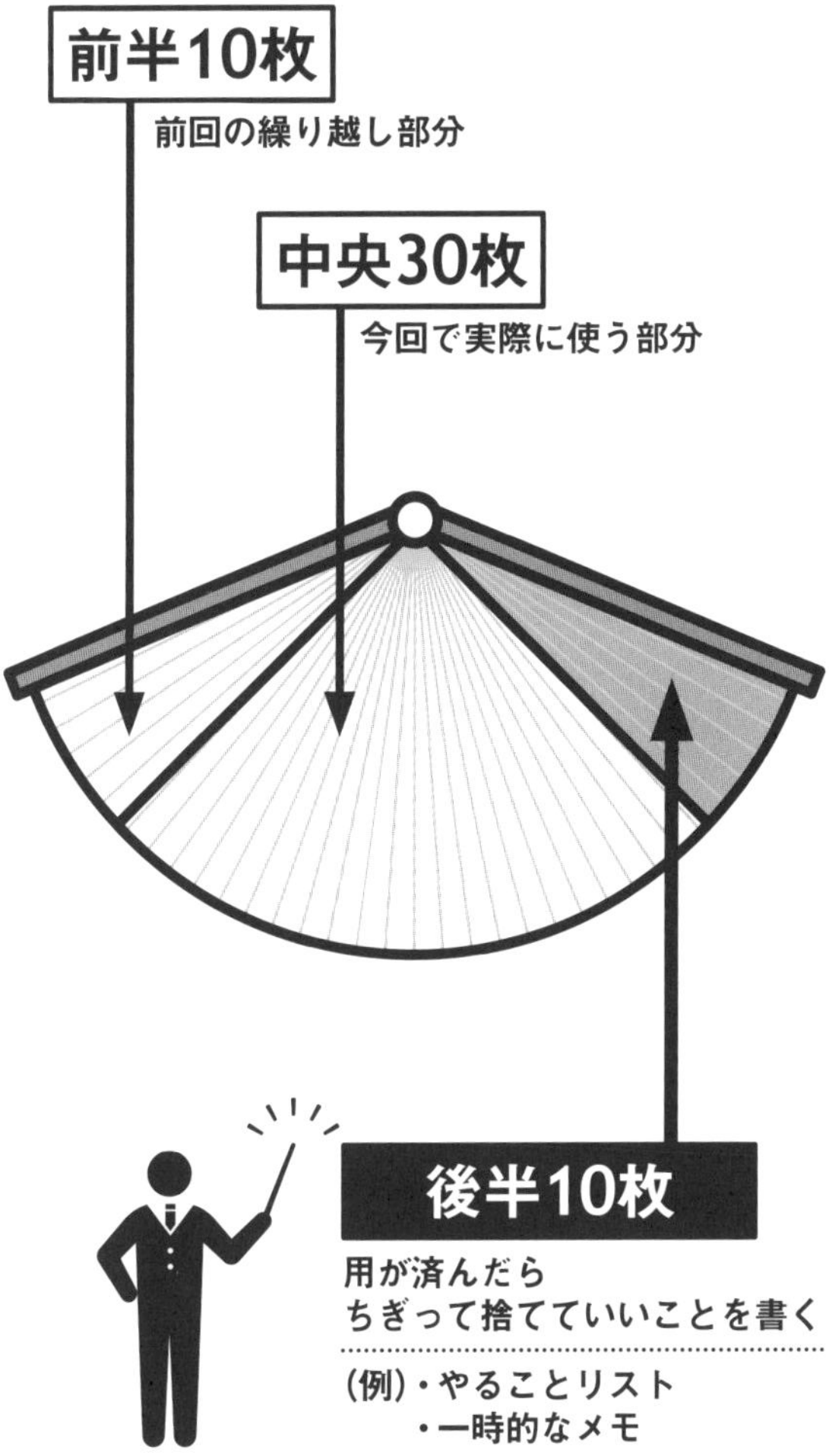
前半10枚
前回の繰り越し部分
中央30枚
今回で実際に使う部分
後半10枚
用が済んだら
ちぎって捨てていいことを書く
(例)・やることリスト
・一時的なメモ

chapter 3

授業を聞くときのノート術

One-Minute Tips for Effective Notebook Techniques

01

ノートに何を書くかはゼロ秒で決断しよう

講義を録音するのは、時間の無駄です。

もう一度聞き返していたら、時間がかかってしまいます。

2倍速で聞いたとしても、その時間だけ、人生の損失だと考えましょう。

もう一度ボイスレコーダーで聞かなくていいようにするために、ノートを取るのです。

「一言一句正確にノートを取らなければ」と考えていたら、録音をしたくなります。

ノートは次も見返したいところだけ取る

○○○○○が
□□□□□□□で
△△△△△ですから
☆☆☆☆となります
一言一句ノートを取らないと…

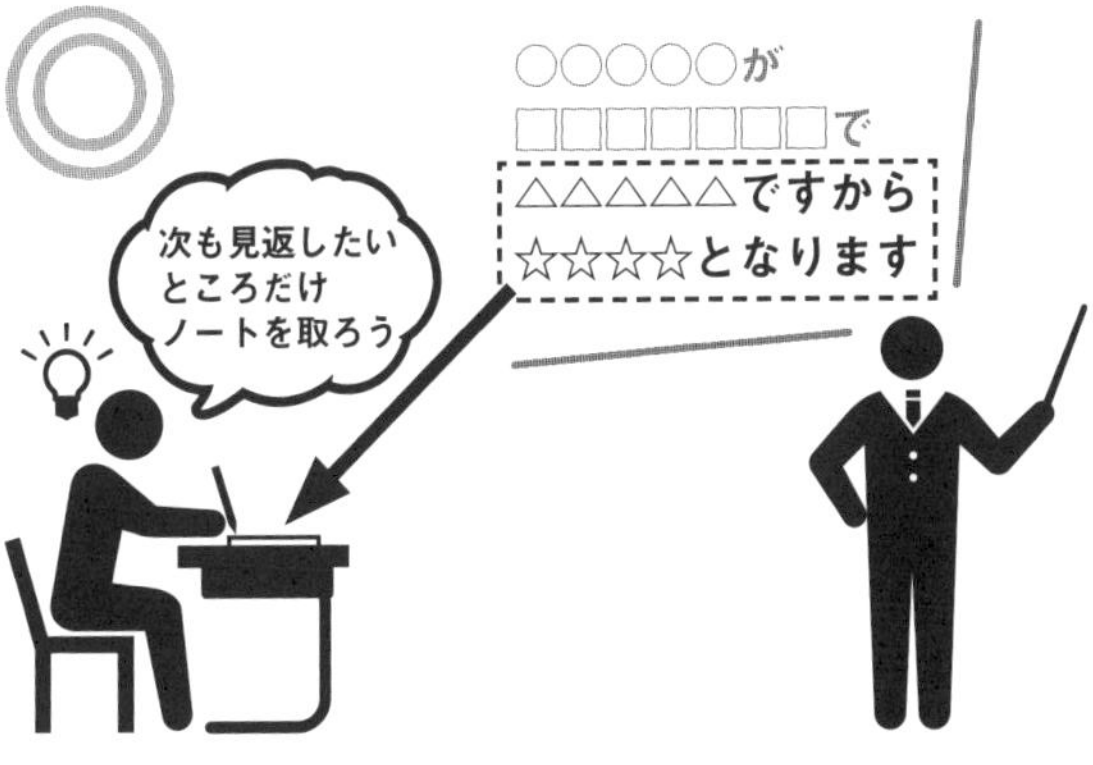
○○○○○が
□□□□□□□で
△△△△△ですから
☆☆☆☆となります
次も見返したいところだけノートを取ろう

ノートを取るということは、いずれ復習したいこと以外は切るということ

そうではなく、いずれ復習するところだけをノートに取るのです。

もし、そのときに理解できていないことがあったとしても、復習する必要があると思えるなら、ノートに取ります。

ノートを取るということは、次に見返したいと思わないことを切る、ということです。

捨てる決断をしながら、ノートを取るのです。

会議のときも、ボイスレコーダーは使ってはいけません。

もし、ボイスレコーダーがあったら、証拠が残ってしまうと思って、会議では発言をせずに、ダンマリを決め込む人もいるはずです。

「ボイスレコーダーがあるから安心だ」と思ってしまう甘えをなくすためにも、ボイスレコーダーは使用禁止にするのです。

板書は二の次。ノートを取ることよりも、先生の話に集中しよう

ゆっくりきれいにノートを取ろうと思って、先生の話についていけなくなっている人がいます。

学校で、先生が黒板を消そうとすると、「待ってください！　まだ全部書いていません！」という人が必ずいます。

彼らは、書いている字はていねいなのですが、結局、そのノートを使って復習をすることはないので、成績は悪いままです。

成績がいい人は、先生が黒板を消したとしても、「待ってくれ」とは言いません。板書を見て、書き写すべきところと、書き写すべきではないところを瞬時に判断し、書き写すべきところだけを、ノートに取っているのです。

もし、先生の板書をすべて書き写すべきなのであれば、その先生が、すでに板書に書くべきことをプリントアウトしておいて、あとで生徒に渡せばいいのです。

生徒の写し間違いも、ゼロになります。

先生が黒板に板書をする理由は、授業をわかりやすく行うためです。

授業では、先生が話していることが最重要であって、板書をすることは、優先順位2番目以降なのです。

もし、どうしても先生の板書すべてが欲しければ、誰かほかの人が作成したノートをあとでコピーしてもらえばいいのです。

何も自分が一言一句ノートにメモをして、先生の話をおろそかにすることはありません。

ノートを取ることよりも、先生の話に集中する人が、一番得をするのです。

02 先生が「本当に言いたいこと」をノートに取ろう

chapter 3

板書をノートに書き写すのに一生懸命で、先生のほうを見ていない人がいます。板書はどうでもいいから、先生の顔を見るようにしましょう。顔のなかでも、特に「目」を見て話を聞きましょう。

先生が言っていることを聞くだけというのは、授業の聞き方としては二流です。**先生が本当に言いたいことは何か？ を考えながら聞くのが、一流の聞き方です。板書にはこう書いているけど、本当に言いたいことは違うのではないか？ と思い**

ながら、聞くのです。

「答えはAです」と今言ったけど、きっと「本当はBです」と1分後に切り返してくる先生もいます。

ダメな生徒は、「答えはAです」と聞いて、「ああ。そうなんだな」と無条件で受け入れてしまいます。

あとで「ひっかけです。Bです」と言ったときに「ひどい」と思ってしまうのです。

優秀な生徒は、先生が「答えはAです」と言ったときに、「いや、Bのはずだ。Aだとひっかかる人の思考回路をこれから話すつもりだぞ」と予想して聞いているのです。

黒板に集中してしまうと、先生の話に集中できません。**先生が本当は何を伝えたいのか？を考えながら授業を聞く人が、成績が上がる人なのです。**

先生の顔を見ていれば真意がわかる

ダメな生徒
ふ〜ん、そうなんだ…
先生
答えはAです
優秀な生徒
いや、答えはBだ！
先生
答えはAです

「先生が本当に言いたいことは何か？」を聞くことが重要

先生のギャグを予測することは入試の予想にもつながっている

浪人時代、代々木ゼミナールで、世界史の祝田秀全《いわたしゅうぜん》先生の授業を、いつも一番前で聞いていました。

祝田先生は、ダジャレが大好きです。

授業の前に、差し入れとして、バナナを机の上に置いておき、横に「予言の書」と書いた封筒を添えました。

祝田先生は、教室に入るなり、バナナを見て、

「教室にバナナがあるなんて、そんなバナナ！」

と叫びました。

「あれ？　こんなところに、予言の書と書いた封筒があるぞ。早速、読んでみますね。

『予言の書。このバナナを見た先生は、こう言うでしょう。そんなバナナ！』」

祝田先生も、教室にいた２００人の生徒たちも、大爆笑の渦につつまれました。

祝田先生がどんな板書を書こうとしているのかだけでなく、どんなギャグを言うのかも予測しながら、授業を聞いていたのです。

先生の行動パターンまで予測するというのは、来年の入試でどこが出題されるのかという予想にもつながっているのです。

03

One-Minute Tips for Effective Notebook Techniques

板書を書くときにも試験を意識しておく

先生が黒板に書いているからと言って、一言一句そのまま書き写すのではありません。

書いてあることのなかで、「入試本番に出るかどうか？」と考えて、試験に出そうなところだけを書くのです。

社会人の場合は、自分のビジネスに役立つと感じたところだけを、書くのです。

先生によって、板書のスタイルは異なります。

とにかく、何でも黒板に書いていく先生もいれば、最小限のことしか書かない、しゃべり中心の先生もいます。

世界史の祝田秀全先生は、「試験に出るところだけを黒板に書く」というスタイルだったので、一言一句ノートに書き写しました。

私がすべてを書き写そうと一生懸命になった先生は非常に少ないのですが、祝田先生の板書は、今思い出しても、素晴らしかったです。

試験に出るところだけが書かれていて、試験に出ないことは、一切黒板に書かないということが貫かれていました。

しかも、分量も、A4ノート1枚に1つのテーマにまとまるようになっていたので、当時の石井との相性も、抜群だったのです。

先生が言ったことを漫然《まんぜん》とメモしても、試験では合格できません。

ノートを見返すだけで、当日の試験で満点が取れるようにしておくというのが、ノートを取る目的なのです。

ギャグをメモしておくと「イメージ記憶」につながる

ノートに取るのは、大切なことだけではありません。

先生が言ったギャグをノートに取ると、記憶が定着するのです。

世界史で、「大航海時代《だいこうかい》」という時代があります。

コロンブスが新大陸を発見した時代です。

祝田先生が、

「大航海時代。あのとき、こうしておけばよかった。

なんで、ああしなかったんだろう……。

それが、大後悔時代です」

と言ったギャグを、すかさずノートに取りました。

「大航海時代かぁ……、コロンブスも『東方見聞録なんて読まなきゃよかった』って後悔したのかなぁ」と、そのときにイメージができたのです。

「コロンブスが読んでいた書物は何か？　東方見聞録」ということがゼロ秒で出てくるようになったのは、祝田先生のギャグをメモしたおかげなのです。

chapter 4

成績を
上げるための
ノート術

One-Minute Tips for Effective Notebook Techniques

One-Minute Tips for Effective Notebook Techniques

chapter 4

01 先生のテンションを上げるために、一生懸命ノートを取る

ノートを取ると言うと、生徒の側から考えてしまいがちです。**先生の側から考えて、先生がいいことをいっぱい話したくなるように、ノートを取るのです。**

寝ている生徒がいたり、おしゃべりをしている生徒がいたら、先生も人間ですので、やる気をなくします。

「生徒にやる気がないなら、いい話をしても仕方がないな」と、先生が生徒に気づか

れないように手を抜くようになってしまうのです。

先生の１２０％を引き出せるかは、生徒の力量です。

先生の演説を聞くのが授業ではなく、先生の最高の授業を引き出すのが、生徒の役目なのです。

宝塚のミュージカルも、常連さんは、年間２００日以上、最前列に陣取ります。

同じ演目の場合、セリフは同じです。

違うのは、その日、その日の役者のテンションです。

高いテンションを引き出していって、最高の演技をさせるのが、常連の役目なのです。

あなたも授業中は、宝塚のミュージカルの観客だと思って、一生懸命ノートを取りましょう。

先生のやる気を引き出すのは、あなたのノートの取り方にかかっているのです。

One Minute

「ノートを取らなくても頭のなかに知識が入る」という人はいない

「僕はノートを取らなくても大丈夫。一度聞いたことは、頭のなかに入っているんだ」

と自信満々の人がいます。

エジソンでもアインシュタインでも、一瞬頭に浮かんだことを忘れないために、メモを常に取っていたのです。

「メモを取らなくても大丈夫だ」という人は、しょせん、大きな業績は残せません。

学校の成績で5を取れたとしても、東大にトップ合格することはできないでしょう。

クイズチャンピオンでも、知らない問題があったら、すぐにメモを取るのです。

あなたレベルの頭脳の持ち主で正しいと思っていることと、天才レベルの人が正しいと思っていることは、違うのです。

ノートは、絶対に取るようにしましょう。

もし、先生の言っていることがつまらなかったら、どうするのか。

そんなときは、あなたが考えたことをノートに取ればいいのです。

ノートには、先生が言ったことを書いても、あなたが考えたことを書いても、どちらでもいいのです。

02

One-Minute Tips for Effective Notebook Techniques

「ノートの清書は一生しない」と決める

chapter 4

汚い字で書いて、あとで清書しようとしている人がいます。

これだと、二度手間です。

きれいな字で遅く書くか？ 汚い字でも早く書くか？ であれば、答えはすでに出ています。

もちろん、後者です。

勉強においては、スピードを優先順位1位の価値基準に置くのです。

汚い字でも、ツメツメではなく、間隔をゆったりとって書けば、いずれ見返したときに、見やすいノートになります。

清書をしていたら、時間の無駄になります。
清書の習慣は、今すぐにやめましょう。

One Minute

速く書くことこそ、正義

授業中にノートを取ろうとしたときに、わからない漢字が出てきます。
そこで1秒たりとも立ち止まってはいけません。

ひらがなで書いておいて、あとから復習するときに、正しい漢字で書きなおせばいいのです。

「漢字がわからないから、書き取らなかったんだよなぁ」というところが、試験に出ます。

「完璧に、正確にノートを取らなければ」と考えるのではなく、とにかく速く書くことを第一に考えるのです。

また、「ほかの人にノートを見られたらどうしよう?」と思って、きれいにノートを取っている人がいます。

自分だけがわかるノートを取れば、それでいいのです。

「織田信長」と漢字でフルネームで書いている時間はもったいないのです。

「ダノブ」という、あだ名を勝手につけて、カタカナで書いてもいいのです。

「織田信長が比叡山《ひえいざん》を焼き討ちした」というのを、「ダノブ、ひぇー!」と書いても、あなたの自由なのです。

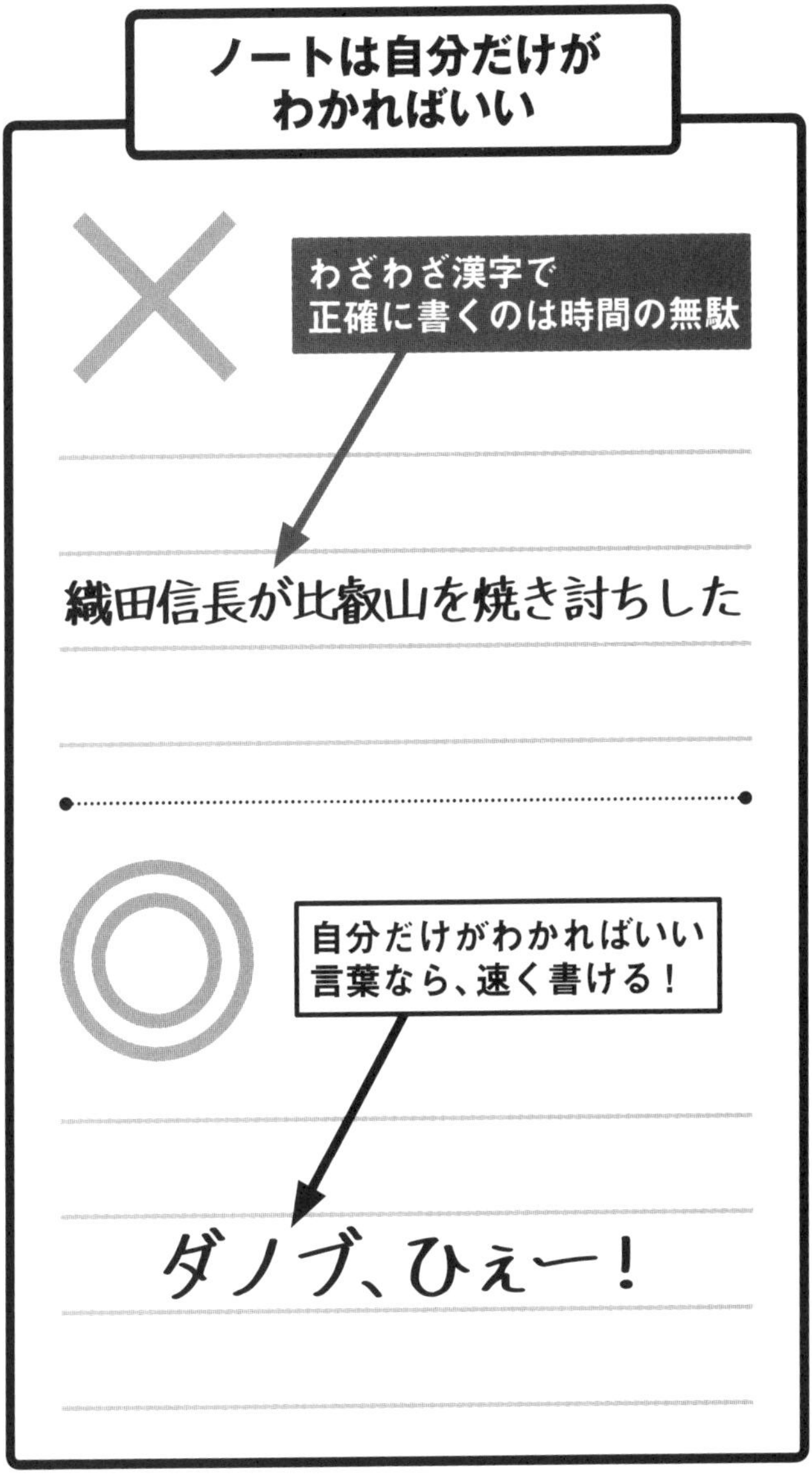
ノートは自分だけがわかればいい
わざわざ漢字で正確に書くのは時間の無駄
織田信長が比叡山を焼き討ちした
自分だけがわかればいい言葉なら、速く書ける！
ダノブ、ひぇー！

ほかの人から見たら、「ダノブ、ひぇー！」って何なんだ？　と思われるでしょうが、**あなたが最速でノートを取れて、意味がわかれば、それでいいのです。**

「豊臣秀吉」といちいち漢字で書いていたら、10秒かかります。

「サル」とカタカナで書けば、1秒で済むのです。

ノートを取るときでも、1秒単位で短縮していくことで勉強が効率化されるのです。

03 板書はサッと消されることを覚悟しておく

「サッと書いて、サッと消す」

中学時代に通っていた塾の先生の口癖です。

「サッと消すから、覚えるんだ。
サッと消されたら困るなら、その時点でノートに書いておくんだ。
そのほうが、目に焼き付けることができるんだ」

という理論です。

その先生は、板書をすると、1秒くらいで、黒板消しで消していました。

「早すぎます！」とクレームを言うのは、決まって成績の悪い生徒。成績がいい生徒にとっては、そのスピード感が普通でした。

板書は、いつまでも書いてあると思うから、書き写すスピードが遅くなるのです。

書くスピードが遅くなるというのは、思考スピードが遅くなるということです。

「サッと書いてサッと消す」というスピードを当たり前だと思っていれば、頭の回転が、どんどん速くなっていくのです。

ノートを取ることで、思考スピードを上げましょう。

書くのが遅い人は、思考スピードも遅い

サッと書いて、サッと消す
ハイ、もう消しますよ
先生
消すのが早すぎ！
もう書いた♪
成績の悪い生徒
成績の良い生徒

サッと消すのが当たり前だと思えば、頭の回転も速くなる

わかっていないことをノートに取るときは「?マーク」をつけてから書く

わからなかったことも、ノートに取りましょう。
そのときにわからなかったとしても、あとでわかることがあります。
そのときには横に「?マーク」をつけておけばいいのです。

わかることしか書かない人は、試験にわからないことが出たら答えられない人になってしまいます。

「ちょっとわからないなぁ。あとで調べよう」くらいのことであれば、「?マーク」を。
「まずい。先生が言っているのに、全然理解できないぞ」のところには、「??マーク」を。

わからないことも ノートに書く

1 ちょっとわからない

○○○○○○○○ ?

あとで調べればわかるレベル

2 全然わからない

□□□□□□□□ ??

友人に聞けばわかるかもしれないレベル

3 一生わかりそうにない

△△△△△△△△ ???

先生に聞かないとわからないレベル

「わからない」レベルを3段階に分けておく

「これは、一生理解できそうにない……」というところには、「???マーク」をつけるのです。

わからないレベルを、3段階に分けましょう。

①「?マーク」
……あとで自分で調べれば解決できるレベル

②「??マーク」
……隣の友人に聞けば、わかるくらいのレベル

③「???マーク」
……さっぱりわからないので、先生に聞きに行くしかないレベル

「?」くらいのレベルで先生に聞きに行ったら、忙しい先生には迷惑です。

自分では絶対に解決できそうにないと思うことになって初めて、先生に聞きに行くのです。

chapter 5

記憶に定着させるノート術

One-Minute Tips for Effective Notebook Techniques

01 間違ったことは消さずに「×」をして横に正解を書く

答えを間違えたら、消してはいけません。
間違った答えに×をつけて、横に正解を書くのです。
「間違ったことは、なかったことにしたい」という気持ちはわかります。
そんななか、間違ったことを逆手にとって、記憶のフックにするのです。
「答えはBだ」とあなたが正解した問題であれば、復習はしなくても構いません。

間違った答えは消さずに「×」をつける

① 地球の表面積のうち、
約(　　　　　)割が海洋である。
選択肢／A：9　B：7

答え：B ← 正解⇐復習不要

② 地球上で最も大きな大陸は
(　　　　　　　　　)である。
選択肢／A：南北アメリカ大陸
　　　　B：ユーラシア大陸

答え：~~A~~ B ← 不正解⇐要復習！

不正解を消さずに「×」をつけ、その横に正解を書いておく

本番でも答えることができるので、復習する必要もない問題です。

それよりも、「答えはAだと思ったがBだった」という問題こそ、復習すべき問題です。

「間違う」というのは、なかなか意図的にできることではありません。

無意識に間違ってしまった問題は、あなたが勝手に思い込みをしていた問題なので、逆に、記憶に定着させるチャンスなのです。

ブルネイの首都「バンダルスリブガワン」を、「バンダルスリブワガン」と書いて、バツになったことがありました。

「合っているのに、どうしてだ！」と思ったら、ワガンではなく、ガワンだったのです。

間違ったおかげで、入試から20年経過した今でもブルネイの首都を即答できているのです。

One Minute

もう二度と復習しないところには、全体に大きく「×」をつけておく

この部分は、復習をするときに目で追うだけでも時間の無駄だなと思ったら、大きく全体に×印をしておきます。

復習するときの時間を、0・1秒でも短縮するためです。

×印をつけるのは、復習をするときに、その部分を見なくてもいいようにするためです。

一度解けて、「これは試験本番でも100%解けるな」と思ったら、その問題そのものに「×」をつけます。

「いや、試験直前になったら、解けなくなっているかもしれない」と思う問題であれば、そのまま残します。

復習を最速にするためには、余計なことが書いてある部分を目に入れない状態を、あらかじめ作っておく必要があるのです。

繰り返し復習するときに、どんどん×印をつけていけば、次の復習のときの時間が短縮されます。

「復習が嫌いなんです」という人は、復習するたびに、見返す量が減っていかないからです。

復習するたびに次に復習する部分が減っていけば、復習するのが楽しくなります。

自分がクリアしたと思えるところには、どんどん×印をつけていくのです。

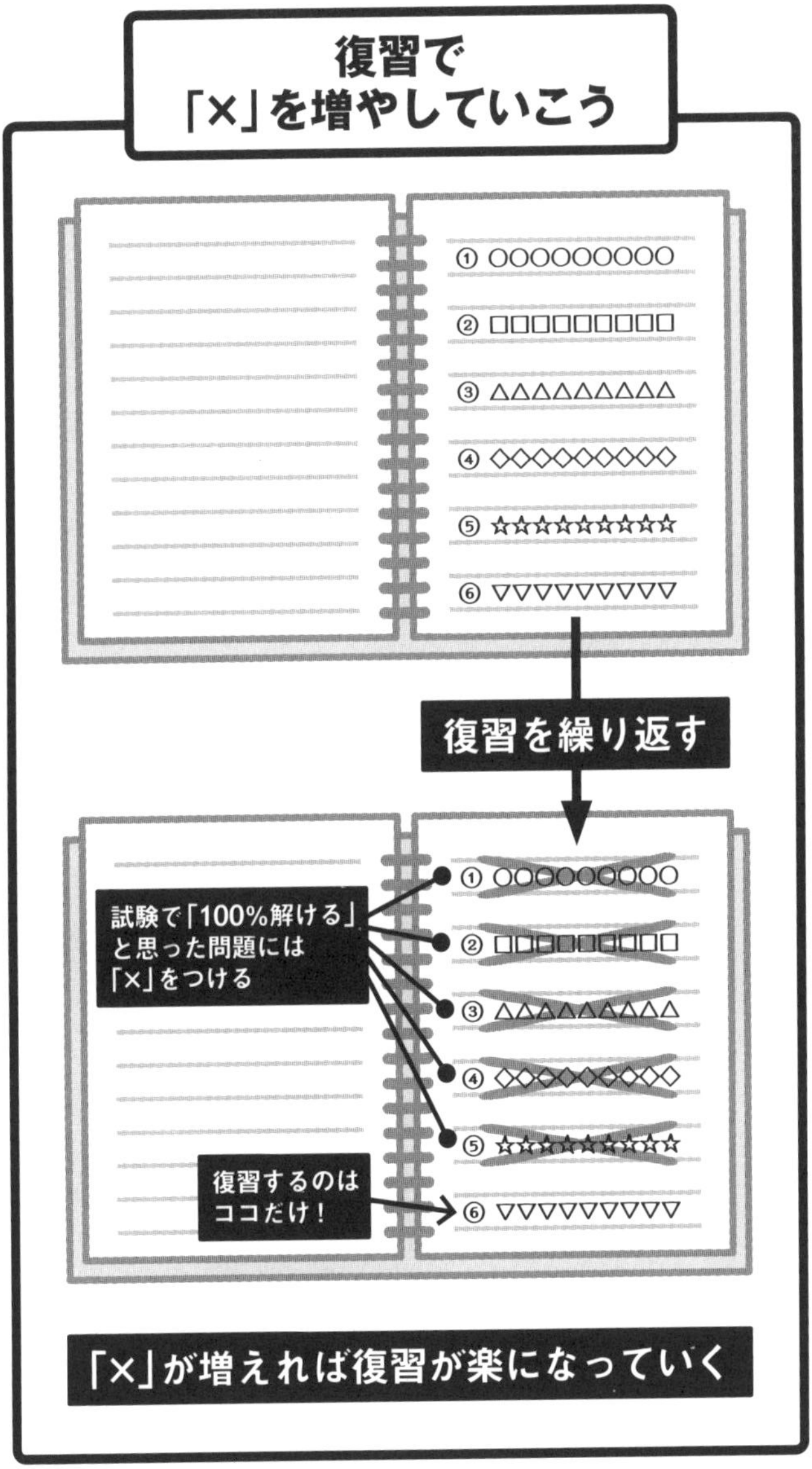

復習で「×」を増やしていこう
① ○○○○○○○○○○
② □□□□□□□□□□
③ △△△△△△△△△△
④ ◇◇◇◇◇◇◇◇◇◇
⑤ ☆☆☆☆☆☆☆☆☆☆
⑥ ▽▽▽▽▽▽▽▽▽▽
復習を繰り返す
試験で「100%解ける」と思った問題には「×」をつける
復習するのはココだけ！
「×」が増えれば復習が楽になっていく

02 「必要なくなったページ」は容赦なく捨てる

復習をしていて、この部分はもう必要ないなと思ったら、×印をつけます。×印だらけになったら、そのページは、捨てればいいのです。

もし、8割が×印で、2割が残っているなら、その2割の部分を切り取って、新しいルーズリーフに貼り付けるのです。

次に復習をするときの負担をどんどん減らし続けるのが、復習なのです。

「×」はどんどん捨てていく

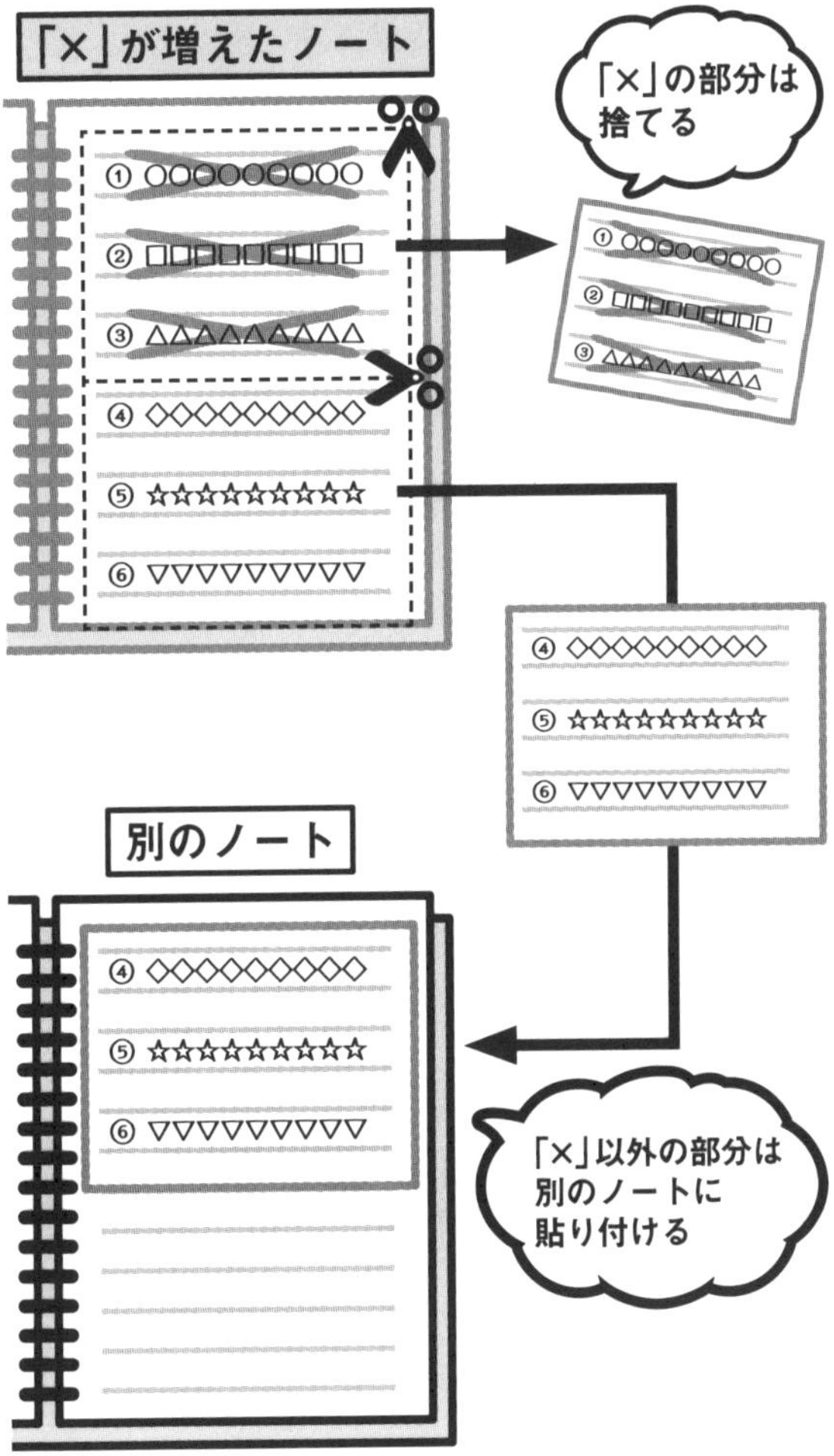
「×」が増えたノート
① ○○○○○○○○○
② □□□□□□□□□
③ △△△△△△△△△
④ ◇◇◇◇◇◇◇◇◇
⑤ ☆☆☆☆☆☆☆☆☆
⑥ ▽▽▽▽▽▽▽▽▽
「×」の部分は捨てる
別のノート
「×」以外の部分は別のノートに貼り付ける

×印をつけていく習慣がないと、復習しても復習しても、ノートが増えていくだけです。

英単語帳も、ゼロ秒でわかった単語には、どんどん×をつけましょう。

英単語1500という英単語帳があったら、まず初めに×をたくさんつけて、英単語を500にしてから、始めるのです。

すでにわかっている単語も復習するから、時間がかかってしまうのです。

わかっていない単語だけを覚えるために、英単語帳を使いましょう。

「どの英単語帳を使えばいいですか？」という質問をされることがあるのですが、その答えは簡単。

「現存する英単語帳全部」というのが答えです。

というのも、英単語２０００は、一度こなしたら、英単語１０００にすぐなるわけですし、英単語１２００は、すぐに英単語４００になるからです。

×印をどんどんつけていくのは、×印をつける習慣さえあれば、思っているよりも簡単な作業なのです。

One Minute

日付を書けば、その出来事が「記憶のフック」となって思い出せる

ノートには必ず、日付を入れましょう。

ルーズリーフであれば、右上に日付を書く欄があります。

日付を書く理由は、２つあります。

①その日付を見たときに、その日の出来事がフックになって思い出せる
②この日も勉強してたんだなと、自信になる

①は、自分の誕生日であれば、「誕生日に、この勉強をしていたなぁ」と思い出すことができます。
好きな女の子の誕生日であれば、それがフックになって、ノートに書いてあることも好きになって、すぐに覚えることができます。

②は、1月1日と書いてあれば、「お正月にも勉強してたんだから、合格できないはずはない」と、自信になります。
12月24日と書いてあったら、「クリスマスも勉強したんだ。ほかの人たちが遊んでいるときにも勉強してたんだぞ」と、自分を誇りに思うことができるのです。

日付を書く1秒が無駄なのではないかと、日付を書かない人がいますが、記憶のフックになり、さらには自分に自信が持てるので、1枚1枚、ノートの右上には日付を書いたほうがいいのです。

03

青の「フリクションボール」を使おう

One-Minute Tips for Effective Notebook Techniques

青はリンク色です。

ヤフーでも、リンクがあるところは青で書いてあります。

重要なことは青、重要ではないことは黒で書く。

この習慣をつけるだけで、記憶力が1・1倍にはなると思ってください。

chapter 5

この話を『1分間勉強法』『1分間記憶法』の本でしたところ、おかげさまで、多くの方が青ペンでノートを取るようになっていただけていて、とてもうれしいです。

すでに、日本中で数万人の方が実践しているので、あなたも青のボールペンで書く習慣をつけましょう。

ペンを黒から青に変えるだけで、記憶力が上がるのですから、やらない手はありません。

努力ゼロで効果が出ることは、ただちに行動に移すのが一番です。

パイロットのフリクションボールを使えば、ペンの後ろの部分で消すこともできますし、キャップ式ではなく、ノック式のほうが片手で使えて、とても便利です。

ちまちま買うのではなく、一度に24本ずつ買ってください。

私の部屋には、青のフリクションボールが20本くらい常にあふれています。

黒ではなく、青のペンを買うことで、努力ゼロで記憶力を上げられるのです。

One Minute

0.5ミリではなく「0.7ミリ」のボールペンを買おう

青のフリクションボールは、0・5ミリのものではなく、0・7ミリのものを買いましょう。

そうすれば、1・4倍太く書くことができます。

努力ゼロで、さらに1・4倍、目に飛び込みやすくなるのです。

多くの人が0・5ミリのものを使っているなかで、あなたが0・7ミリのものを使

勉強の道具を味方にしよう

ボールペン

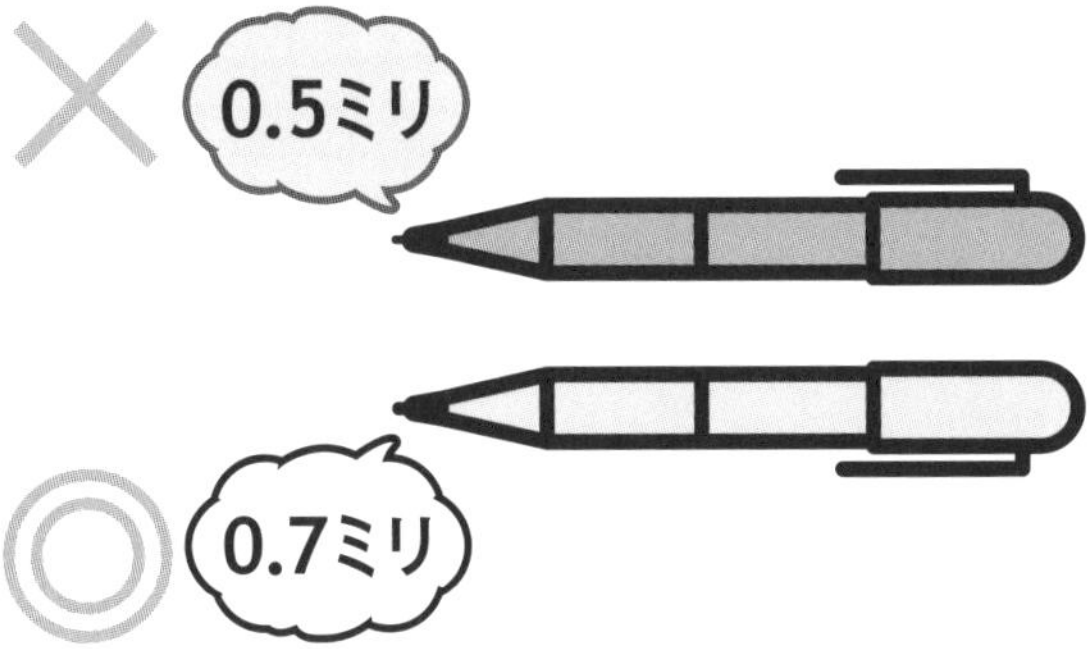

照明

道具を換えるだけで勉強の効率は上がる

えば、1・4倍効率が上がります。


試験の合否は、1点の差で決まります。

勉強をするときにも、髪の毛1本分の有利を求めていくのです。


勉強の効率を上げるには、2つの方法があります。

①勉強法を変える
②勉強のときに使っている「道具」を換える

この2つです。

特に、道具を換えるのは、あなた自身を変えることではないので、簡単にできます。

照明も、目が痛くなるライトから、目に優しいライトにするだけで、勉強の効率は上がるのです。

道具は、あなたが風邪をひいたり、やる気が出ないときも、常に味方になってくれるありがたい存在なのです。

chapter 6

右脳を活性化させるノート術

One-Minute Tips for Effective Notebook Techniques

One-Minute Tips for Effective Notebook Techniques

chapter 6

01 4色の蛍光ペンを使って右脳を刺激する

ノートに書くときは、基本的には青ペンのみです。

重要なところは、赤でアンダーラインを引きます。

忘れてもいいことは、黒で書きます。

ボールペンの色に関しては、青と赤と黒の3種類のみを使うことになります。

よく、12色ペン、24色ペンなどを使っている人がいますが、それだと、次に何の色を使うかで迷う時間が生じるので、3色に限定するのが正解です。

記憶の4段階に応じた蛍光ペンを使う

蛍光ペンは赤・緑・黄・青の4色を使い、「記憶の4段階」に対応させる

蛍光ペンは、4色を使います。

・赤……見てゼロ秒でわかるもの
・緑……見て3秒でわかる。うろ覚えのもの
・黄……見たことはあるが、わからないもの
・青……見たことも聞いたこともないもの

という使い方が、基本的な4色の使い方です。
記憶の4段階に応じて、蛍光ペンを使うのです。

02 4色を使った英語勉強法

英単語を覚えるときも、

- 赤……見てゼロ秒でわかる英単語
- 緑……見て3秒でわかる。うろ覚えの英単語
- 黄……見たことはあるが、わからない英単語
- 青……見たことも聞いたこともない英単語

に分けます。

赤は、二度と復習しません。

優先順位としては、

①緑の英単語を赤に昇格させる

②黄の英単語を緑に昇格させる

③青の英単語を黄に昇格させる

という3段階です。

緑を赤にする作業が、もっとも労力がかからず、血となり肉となりやすいです。

すでに一度は覚えている英単語だからです。

英単語帳は、すべてを赤に昇格させたときに、その役割を終えるのです。

英文法を4色に色分けすると、覚えるスピードが速くなる

英語のなかでも、英文法の問題をこなすときは、

- 赤……構文
- 緑……熟語・イディオム
- 黄……その他
- 青……副詞・接続詞

に分けます。（『1分間英文法600』〈水王舎〉参照）

この構文はどことと関係しているのか？　英熟語はどれなのか？　という部分をひと目

でわかりやすくするためです。

「英文法はわかりにくい」と言われるのは、どこをどう覚えればいいのかが、わからないからです。

4色に分けておくことで、難しかった英文法が、わかりやすく、楽しくなります。

これは構文なのかな？　熟語なのかな？　と考えている時間を省くことで、最速で英文法をマスターすることができます。

また、英語長文を読んでいるときは、赤以外の3色を使います。

- **緑……見て3秒かかって思い出した英単語**
- **黄……見たことはあるが、思い出せない英単語**

・**青……見たことも聞いたこともない英単語**

に蛍光ペンを塗り分けます。

長文を読みながら、同時に、英文の意味がわからない箇所に、青でアンダーラインを引いておきます。

そうすると、先生が授業で言っているときに、青の部分に集中できます。

わからない箇所の日本語訳を見たときにも、青の部分に集中して日本語と英語を照らし合わせることができるのです。

英単語の暗記における理想の状態は、「東大・早稲田・慶應の英語長文を読んだときに、知らない英単語が常に5個以内の状態」です。

これ以上英単語を勉強するなら、ほかの勉強に充てたほうが時間効率がよくなります。

この段階になると、英語長文を読むときに、青の蛍光ペン以外は使わなくなります。知らない単語そのものが、見たことも聞いたこともない単語だけになるからです。

そのレベルまで英単語は極めたほうが、受験ではうまくいくのです。

英語長文は、最終的には青の蛍光ペンだけを持つ状態を目指しましょう。

03 日本史・世界史も4色に分けて覚える

One-Minute Tips for Effective Notebook Techniques

日本史・世界史のときは、

- 赤……人名
- 緑……出来事・事件・条約名
- 黄……その他
- 青……年号

chapter 6

に分けます。

このように、4色に分けてノートを取ることで、次に復習するときに、色のフックをつけやすいのです。

歴史の教科書も、4色の蛍光ペンで色分けをしましょう。

その際には、まず赤だけを使って、古代史から現代史まで、一気に塗ります。人名だけを、蛍光ペンの赤で塗るのです。

教科書を一言一句読みながら、4色をその都度分けていったら、時間がかかります。赤で最後まで塗ったら、次は緑、次は黄、次は青で、塗ったほうが速いです。

常に、4色に分け続けると考えておくと、次に復習するときに、最速で脳に働きか

日本史・世界史の色分けの方法

赤	緑	黄	青
人名	出来事 事件 条約名	その他	年号

例

年号　人名

622年、ムハンマドが迫害を避け、

メッカからメディナに逃れた事件は？

その他　その他

答え：ヒジュラ（聖遷）

出来事・事件

4色に分けてノートを取ることで色のフックをつけやすくなる

けることができるのです。

復習をするときには「4重丸」をつける

復習のときは、

・赤……1回目の復習で、できなかった問題
・緑……2回目の復習でも、できなかった問題
・黄……3回目の復習でも、できなかった問題
・青……4回目の復習でも、できなかった問題

といった形で、「問1」などと書いてあるところに、最終的には4重丸をつけていくのです。

そうすると、復習をするときに、凹凸ができていくので、記憶に残りやすいのです。
二度と復習をしない問題は、×をつけます。
×以外の印が、この4色なのです。

赤の問題は、緑の○がつかなかった時点で、×をつけます。
そうすると、3回目の復習は、緑を×にするか？　緑に黄の○がつくか？　の2択になります。

こうしていくことで、×がどんどん増えていくのです。
復習のときに4色を使えば、次に復習すべきところが、どんどん減っていくのです。

4重丸がつくまで、どんどん×をつけていきましょう。

chapter 7

スケジュールを立てるためのノート術

One-Minute Tips for Effective Notebook Techniques

01 やることリストから1日がスタートする

朝、仕事に取り掛かる前に、やることリストを書く習慣をつけましょう。

「やることリストに書いてあることはやるが、書いていないことはやらない」と徹底することで、仕事のスピードが最速化できるのです。

もちろんお昼に、やることリストが増えてしまっても構いません。

そうしたら、またやることリストに項目を追加すればいいのです。

1日の始まりに…

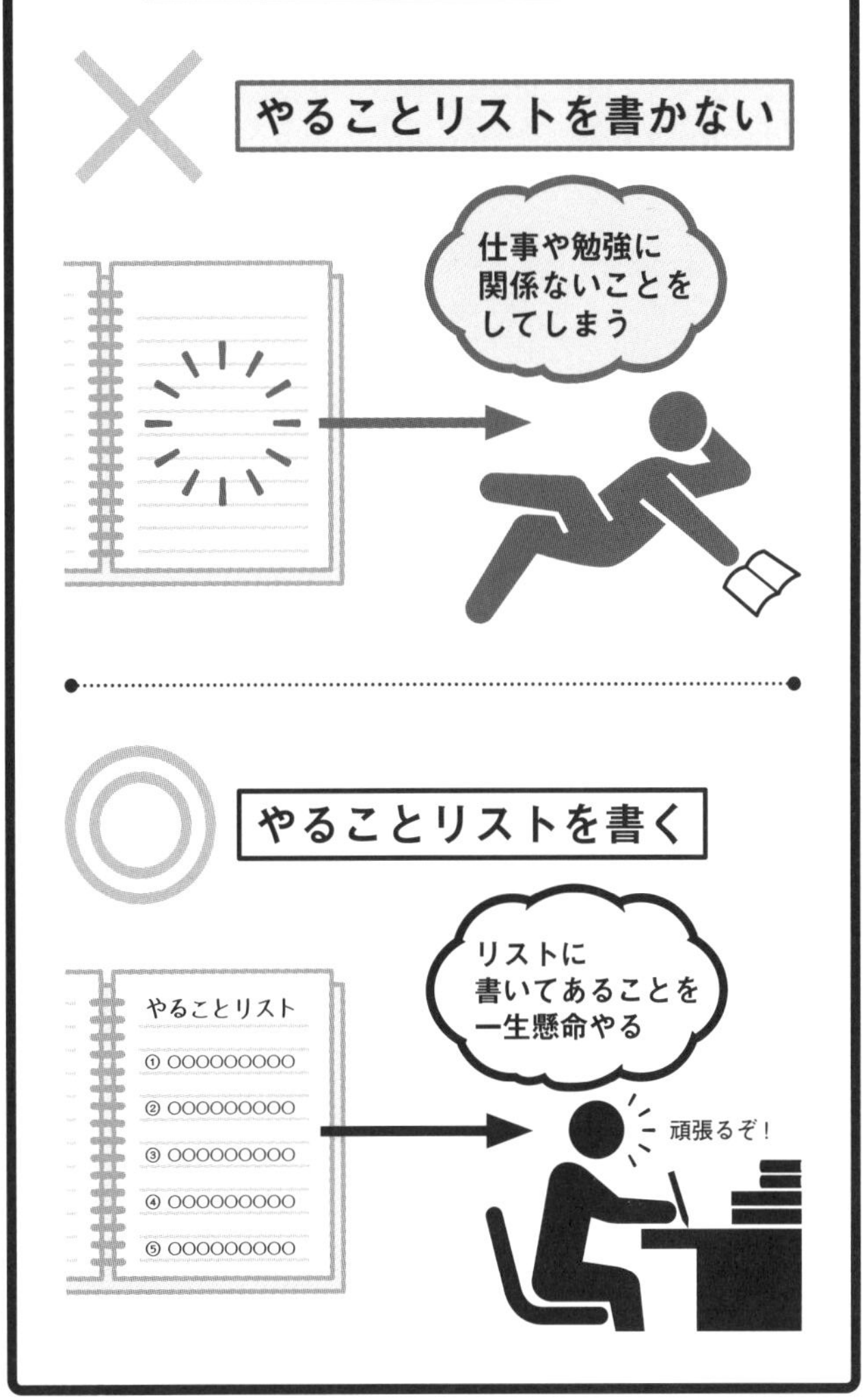
やることリストを書かない
仕事や勉強に関係ないことをしてしまう
やることリストを書く
やることリスト
① ○○○○○○○○○
② ○○○○○○○○○
③ ○○○○○○○○○
④ ○○○○○○○○○
⑤ ○○○○○○○○○
リストに書いてあることを一生懸命やる
頑張るぞ！

やることリストを書かずに1日の仕事をスタートすると、関係ないことをしてしまいます。

ネットサーフィンをしてしまったり、なんとなく雑用に逃げたりしてしまうのです。

仕事ができる人というのは、やることリストの、優先順位が上のものからこなしている人なのです。

やることリストを毎朝書く習慣がつくと、次に何をすればいいのかという、未来の予定も、どんどんできていきます。

仕事を最速で終わらせるためにはどうしたらいいのかと、常に脳がフル回転するようになるのです。

One Minute

「2大目標」を書くことで迷いが消せる

1日の目標は、2つ立てましょう。

1つだと、それができなかったら落ち込みますし、3つ以上だと、よくばりすぎで、結局手つかずになる場合もあるのです。

今日は数学だけやろうと思ったら、数学で難しい問題にあたってやる気をなくして、1日何もしなくなってしまうかもしれません。

今日は、数学・理科・英語など3つ以上の予定を立ててしまうと、数学が終わったあとに、理科にしようか、英語にしようかと考える時間が、生じてしまいます。

迷っている時間をゼロにするために、2つに絞るのです。

「数学と英語だ」と決めておけば、数学に飽きたら英語、英語が嫌になったら数学、と繰り返しているうちに、結局、2教科だけを勉強することになるのです。

勉強でも、目標は2つ。
仕事でも、目標は2つ書きましょう。

そうすると、いつのまにかその2つを達成しているのです。

1つしか達成できなかったとしたら、翌日に繰り越して、もう1つ目標を加えればいいのです。

毎日、2大目標を掲げていれば、半年後、1年後に、気が付くと大きな成果が生まれているのです。

1日の目標は2つだけにする

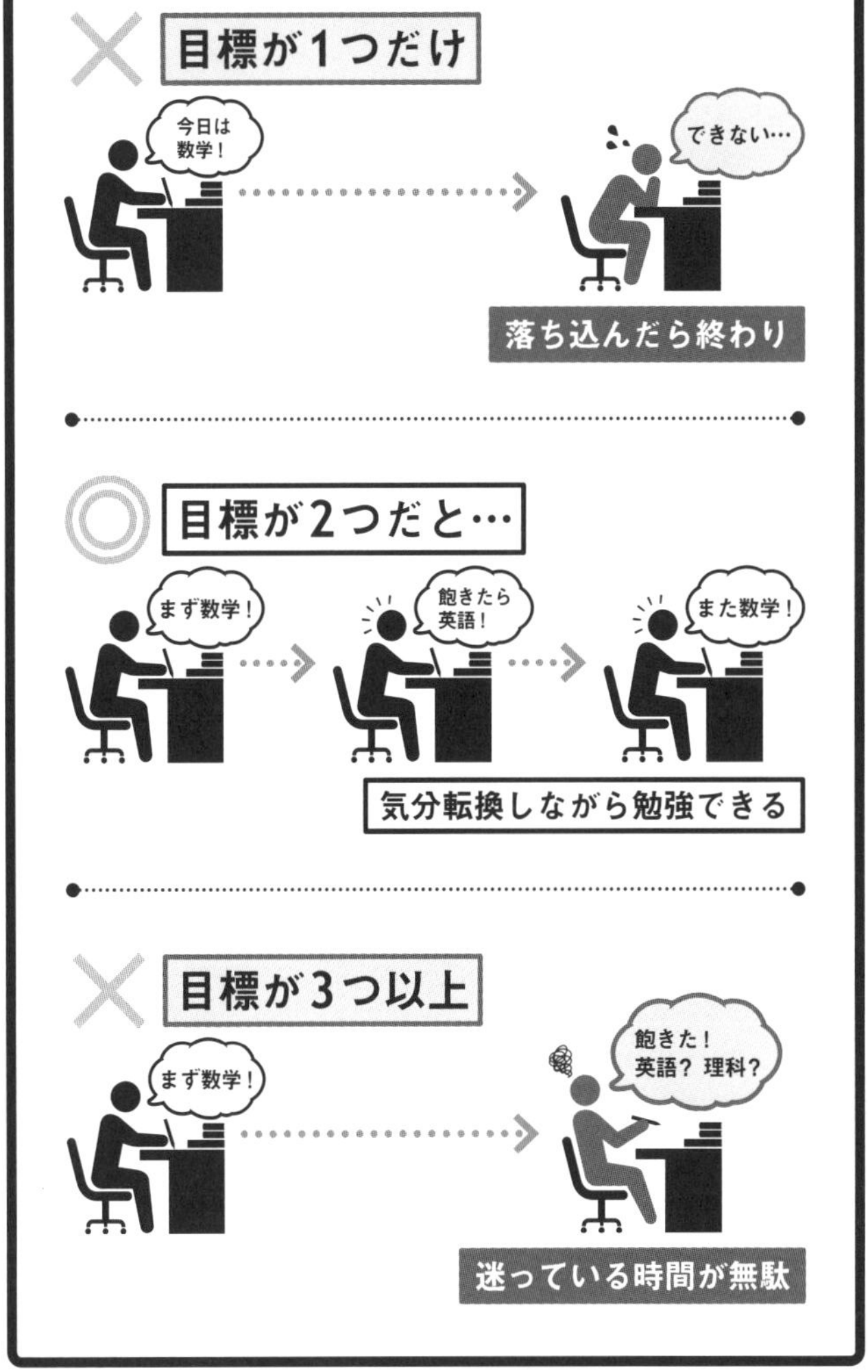

目標が1つだけ
今日は数学！
できない…
落ち込んだら終わり
目標が2つだと…
まず数学！
飽きたら英語！
また数学！
気分転換しながら勉強できる
目標が3つ以上
まず数学！
飽きた！英語？ 理科？
迷っている時間が無駄

02 「ココロ・シンデレラ・ダイアリー」を使いこなそう

1日のスケジュールは、4つに分けられます。

- 赤……仕事（勉強）
- 緑……勉強・読書
- 黄……人生を楽しむ
- 青……雑用

という4つです。

あなたが1日にすることは、この4つのうちのどれかです。

最初は4色に分けたスケジュール帳を自作しようと思っていましたが、そうすると、色遣いが多すぎて混乱するので、これを1枚の黒のシートにまとめました。

名づけて、【ココロ・シンデレラ・ダイアリー】です。

オリジナルで私が作成したものを無料でダウンロードできるようにしてありますので、お使いいただければと思います（http://www.kokorocinderella.com)。

もちろん、ココロ・シンデレラ・ダイアリーを参考に、あなた自身がオリジナルのものを作っても構いません。


どうすれば毎日を充実させることができるのかは、あなたが日々、どんなスケジュール帳を使うかにかかっているのです。

「ココロ・シンデレラ・ダイアリー」の使い方の4ステップ

ココロ・シンデレラ・ダイアリーの使い方は、

①今日のやることを、4つに分類して書き出す
②2大目標を書く
③優先順位順に番号を振る
④緊急のものに、赤でアンダーラインを引く

という4ステップです。

とにかく何も考えずに、条件反射で、今日のやることを、4つに分類して、ガンガン書き出します。

ココロ・シンデレラ・ダイアリー

Kokoro Cinderella Diary

今日の２大目標 ①

②

やることリスト（　月　日　）

自分の成長 (勉強＋読書)	
仕事	
人生を楽しむ	
雑用	

http://www.kokorocinderella.com/

オリジナルのシートは
http://www.kokorocinderella.com
よりダウンロードできます

次に、書き出したリストのなかから、この2つだけは今日中に終えようと思っていることを、2大目標のところに書きます。

その次に、書き出したリストに、どの順番で取り掛かるべきかという行動順位を1、2、3、4と番号を振ります。

なかでも、**これは絶対に今日中にやらねばならないという緊急のものがあれば、赤でアンダーラインを引きましょう。**

赤のアンダーラインは、4つ目のものになるかもしれないですし、6つ目のものかもしれません。

こうしておけば、今日のやることは何で、その行動順位までわかるので、「次に何をすべきか？」ということで迷う数十秒が削れます。

1日の始めにこの作業をしておくことで、作業効率が大幅に上がるのです。

03

「動詞」で書くことが情熱を生み出す

本を読むときには、具体的に、「1分間勉強法、読む」「1分間記憶法、読む」などと、本のタイトルを書きます。

「〜を読む」よりも「、読む」と書くのです。

本は読むのは当たり前なので、本のタイトルだけでもいいのではないかと思いがちです。

ですが、気合を入れるために、動詞まで書きましょう。

「セミナーDVD」ではなく、「セミナーDVD、見る」のほうが、やる気が出るのです。


毎日の習慣になった場合のみ、名詞だけにします。


今、この本を書いている私のココロ・シンデレラ・ダイアリーには、

「ノート術、書く」

「レター」

と書かれています。

まさに今、この本を書いているところですので、「ノート術、書く」です。

レターとは何かと言うと、私が毎日更新している「石井貴士レター」のことです。
毎日書いていて習慣化されているので、「レター、書く」ではなく、「レター」だけでわかるのです。

「ノート術、執筆」と名詞で終わるよりも、「ノート術、書く」と動詞で終わったほうが、勢いが出ます。

「セミナーCD、聞く」「インク、買う」「クリーニング、出す」と書くと、行動する毎日が送れるのです。

One Minute

最低ラインは「2大目標」、最高ラインは「リストの全消化」だ

書いたことで、終えたものは、どんどん「―」（線）で消していきます。

1から順番に消していって、今日は5まで終わったな、今日は3までだったな、ということになります。

すべてを消し終えたら、最高に充実感のある1日になるでしょう。

「まだ余力がある。もっと仕事がしたい」と思ったら、もう1枚、ココロ・シンデレラ・ダイアリーを用意して、書き出しても大丈夫です。

その日1日の目標の最低到達ラインは、2大目標が消化できることです。

2大目標が終われば、「今日はいい1日だった」と自分を褒めましょう。

やることリストのすべてが消化できれば、「今日は最高の1日だった」ともっと自分を褒めてください。

とはいえ、すべてを消化できずに終えることも多いはず。

その場合は、消化しきれなかった分の仕事を赤のポストイット（付箋《ふせん》）に書いて、明日の分のココロ・シンデレラ・ダイアリーに貼り付ければいいのです。

chapter 8

４色の文房具活用術

One-Minute Tips for Effective Notebook Techniques

01 優先順位も4色になる

スケジュールを優先順位順に並べると、

・赤……今すぐにやるべき、重要なもの（緊急度大、重要度大）
・緑……１００%やることは決まっているが、それほど急いでいないもの（緊急度小、重要度大）
・黄……いつかやるが、半年～1年以内で構わないもの（緊急度中、重要度中）
・青……いずれやるかもしれない。もしくは、たぶんやらないが、もしかしたらやる

ことになるかもしれないもの（緊急度小、重要度小）

という4色になります。

ココロ・シンデレラ・ダイアリーを書いていると、赤のことは書けるのですが、緑・黄と青のことを思いついたときに、書くスペースがないということになります。

ココロ・シンデレラ・ダイアリーは、1日のことしか書けないようにできているからです。

そこで、ポストイットの出番です。

緑・黄・青のポストイットに、今日はやらないけれども、いずれやることを書くのです。

壁にA4のコピー用紙の裏紙を画鋲《がびょう》で留めて、そこにポストイットをガンガン貼っていくと、やることがいつも見える状態になるのです。

「赤のポストイット」は繰り延べに使う

赤のポストイットには、今日のやることリストに書いたけれども、今日中にできなかったことを書きます。

翌日のやることリストのところに、それを貼るのです。

そうしていると、「この件は、1週間以上やっていないが、別に支障はないな」というものが出てきます。

それは、実は赤ではなく、緑のポストイットに書くべきことだったということがわかります。

すかさず、緑のポストイットに書いて、壁に貼ればいいのです。

もし、今日のやることリストが終わったら、緑のものを昇格させて、今日のやることリストに貼り付ければいいのです。

常に、やることリストが壁中に貼られている状態を目指しましょう。

やることを常に目にしていると、寝ているときにヒントが浮かんでくることもあります。

「イラストレーターを探す」と貼っていたら、偶然、イラストレーターの方に出くわすこともあるのです。

One Minute

色だけではなく「大きさ」も分ける

ポストイットの大きさは、3種類用意します。

・小さいポストイット……キーワードだけを書く
・中くらいのポストイット……名詞、動詞を書く
・大きなポストイット……文章を書く

と分けるのです。

私の場合、いずれ書きたいと思っている本のタイトルは、小さいポストイットに書きます。

名詞だけで済むからです。

中くらいのポストイットには、「エクセル、入力する」「メルマガ、書く」などの「名詞、動詞」を書きます。

大きなポストイットには、「○月○日までに、誰に何をする」といった、文章を書くのです。

3種類のポストイットを用意しておけば、「どの大きさのポストイットに書こうかな」という迷う時間もなくなるのです。

ポストイットは3種類の大きさを用意

1 小さいポストイット

1分間ノート術
キーワード

2 中くらいのポストイット

エクセル、入力する
名詞、動詞

3 大きなポストイット

○月○日までに、
□□□□に
△△△する
◇◇◇も
忘れずに！
文章

どのポストイットに「何を書くか」を決めておけば、迷う時間がなくなる！

One-Minute Tips for Effective Notebook Techniques

02

4色の「バインダーファイル」を使いこなそう

A4のルーズリーフは、4色のバインダーファイルにまとめます。

- 赤のファイル……最重要のもの
- 緑のファイル……優先順位2位のもの
- 黄のファイル……優先順位3位のもの
- 青のファイル……優先順位4位のもの

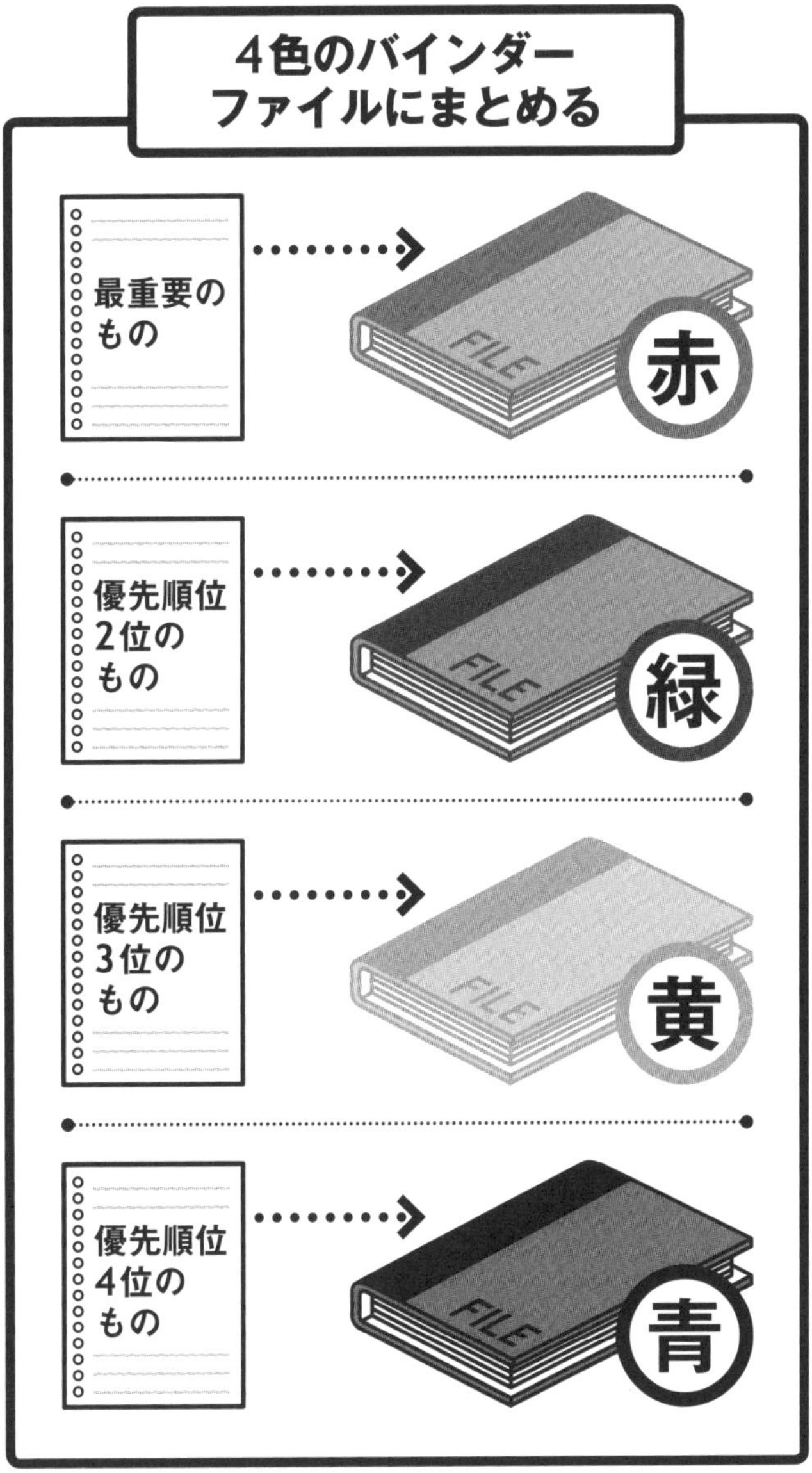
4色のバインダー
ファイルにまとめる
最重要の
もの
FILE
赤
優先順位
2位の
もの
FILE
緑
優先順位
3位の
もの
FILE
黄
優先順位
4位の
もの
FILE
青

といった優先順位で分けてもＯＫです。

仕事に関しては、

- **赤のファイル……ビジネスの資料**
- **緑のファイル……本に関する資料**
- **黄のファイル……その他の資料**
- **青のファイル……取引先に関する資料**

といった形で、自分だけの分け方をするのもありです。

世界史ならば世界史で、古代史で４色、中世史で４色、近代史で４色といった分け方もありますし、赤は中国・東南アジア、緑はヨーロッパ、黄はアフリカ、青はアメリカといった形で分けても構いません。

4色を駆使して、ファイル分けする習慣をつければ、あなただけのノートが出来上がっていくのです。

「クリアボックス」も4色にすれば応用は無限大になる

クリアファイルにまとめたい場合も、4色のものを買います。

A4のコピーの資料も、4色でファイリングしておくのです。

理想は、バインダーファイルごと、クリアファイルごと、4色のクリアボックスに入れることです。

「でも、バインダーファイルにまとめるのも、クリアファイルにまとめるのも、面倒臭いなぁ」という方もいるでしょう。

その場合は、ざっくりと、幅10センチくらいの4色のクリアボックスに、資料をぼんぼん投げ込めばいいのです。

- **赤のクリアボックス……見てゼロ秒でわかる。すでに復習しなくてもいいもの**
- **緑のクリアボックス……うろ覚えのもの。復習の優先順位1位**
- **黄のクリアボックス……見たことはあるが、わからないもの。いずれやるもの**
- **青のクリアボックス……見たことも聞いたこともなかったもの。もうやらないかもしれないもの**

としておいて、あとからバインダーファイル、クリアファイルにまとめるというやり方もできるのです。

4色のクリアボックスを活用する

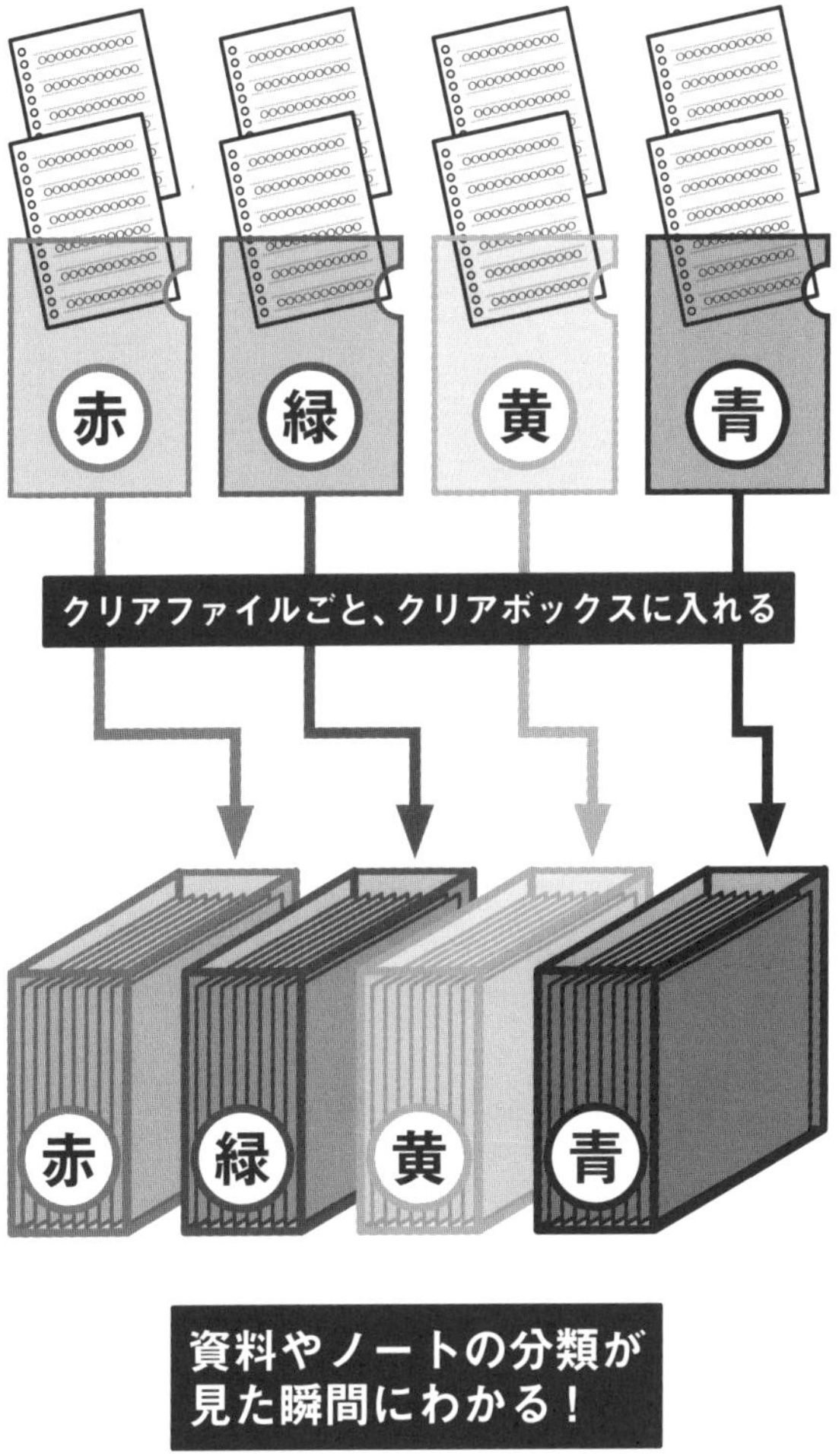
赤
緑
黄
青
クリアファイルごと、クリアボックスに入れる
赤
緑
黄
青
資料やノートの分類が見た瞬間にわかる！

chapter 9

1ページ1秒で復習するためのノート術

One-Minute Tips for Effective Notebook Techniques

01 「3行にまたがる文章」は復習のときに見にくい

3行にまたがる文章を書くと、復習するときに見づらくなります。

1行で書けるのがベスト。
そうでなければ、2行におさえます。

私が文章を書くときも、1行か2行で終わるようにしています。

3行にまたがる文章を書いてしまうと、理解するのに時間がかかってしまうため、

わざと2行にしたほうがいいこともある

Aさんの言い分は正しいが、Bさんの言い分は正しくない。

Aさんの言い分は正しい。

だが、Bさんの言い分は正しくない。

1行で
わかりにくい文章は、
2行にすると
わかりやすくなる
こともある

目的は見返すときの時間を短縮すること！

1ページ1秒で読むのが大変になってしまうのです。

次に見返すときの時間を短縮するために、今、ノートを取るのです。

1行に収まるのに、わざと2行にしたほうがいい場合もあります。

Aさんの言い分は正しいが、Bさんの言い分は正しくない。

この場合は、

Aさんの言い分は正しい。
だが、Bさんの言い分は正しくない。

と2行に分けたほうが、見返したときに楽になるのです。

One Minute

同じ意味でも「書き方」を変えるだけでわかりやすくなる

英語で、「not A but B」という表現があります。
「Aではなく、Bだ」という意味です。
言い換え表現として、「B, not A」というものがあります。

ノート術の場合は、「not A but B」よりも、「B, not A」のほうが、復習をするときに、記憶に残りやすいのです。

ノートを取る場合は、

B（Aではない）

と書くのが正解です。

豊臣秀吉ではなく、豊臣秀頼《ひでより》

よりも、

豊臣秀頼《ひでより》（秀吉ではない）

と書いたほうが、次回復習したときに、わかりやすく目に飛び込んできます。

結論が先に来て、注意点がその次に補足説明としてあると、記憶にフックがかかるのです。

02 気負わないほうがいいノートを書ける

「大切なことだけをノートに書かなければ！と思っていたら、何もノートに取らずに授業が終わってしまった」という経験は、誰にでもあります。

授業の序盤10分は、大切なことだけをノートに取るのではなく、どうでもいいことからノートに取る癖をつけましょう。

何も書いていない白いノートから、何かを書き始めているノートに変えるのです。

ストリートミュージシャンも、ギターボックスのなかを空にするのではなく、わざと1000円札や100円玉を入れておきます。

そのほうが、お金を入れてもらいやすくなるからです。

お金が入っていないギターボックスに最初にお金を入れるのは、誰しも抵抗があります。

すでにお金が入っている状態を作っておくことで、お金を呼び込んでいるのです。

ノートも、何か書いてある状態を最初に作れば、ノートに書く量が増えます。

授業開始10分以内に、くだらないことでもいいので、どんどんノートに何かを書くのです。

大切なことだけをメモするぞと気負うのではなく、どうでもいいことを書こうと思う人が、最後にはいいノートを取れる人になっていくのです。

授業開始10分以内にどんどんノートを取る

大切なことに絞ろうとする
大切なことだけにしなければ！
今日はここまで
何もノートを取らなかった
気にせずにどんどん書く
とりあえず書いておこう！
今日はここまで
いいこと書けた♪

誰でも同じページを「20回復習」すれば1ページ1秒になる

「1ページ1秒で復習するなんて、できっこないよ」と、最初からあきらめている人がいます。

もちろん、最初の1回目の復習では、1ページ1秒は無理です。

思い出す時間もかかりますし、わからないことが書いてあることもあるからです。

同じノートを、2回、3回と復習していたら、最初は1ページで30秒近くかかっていたものが、10秒くらいには短縮されます。

その際に、「もう、ここは復習する必要がないな」と思った部分には、大きく×をつけます。

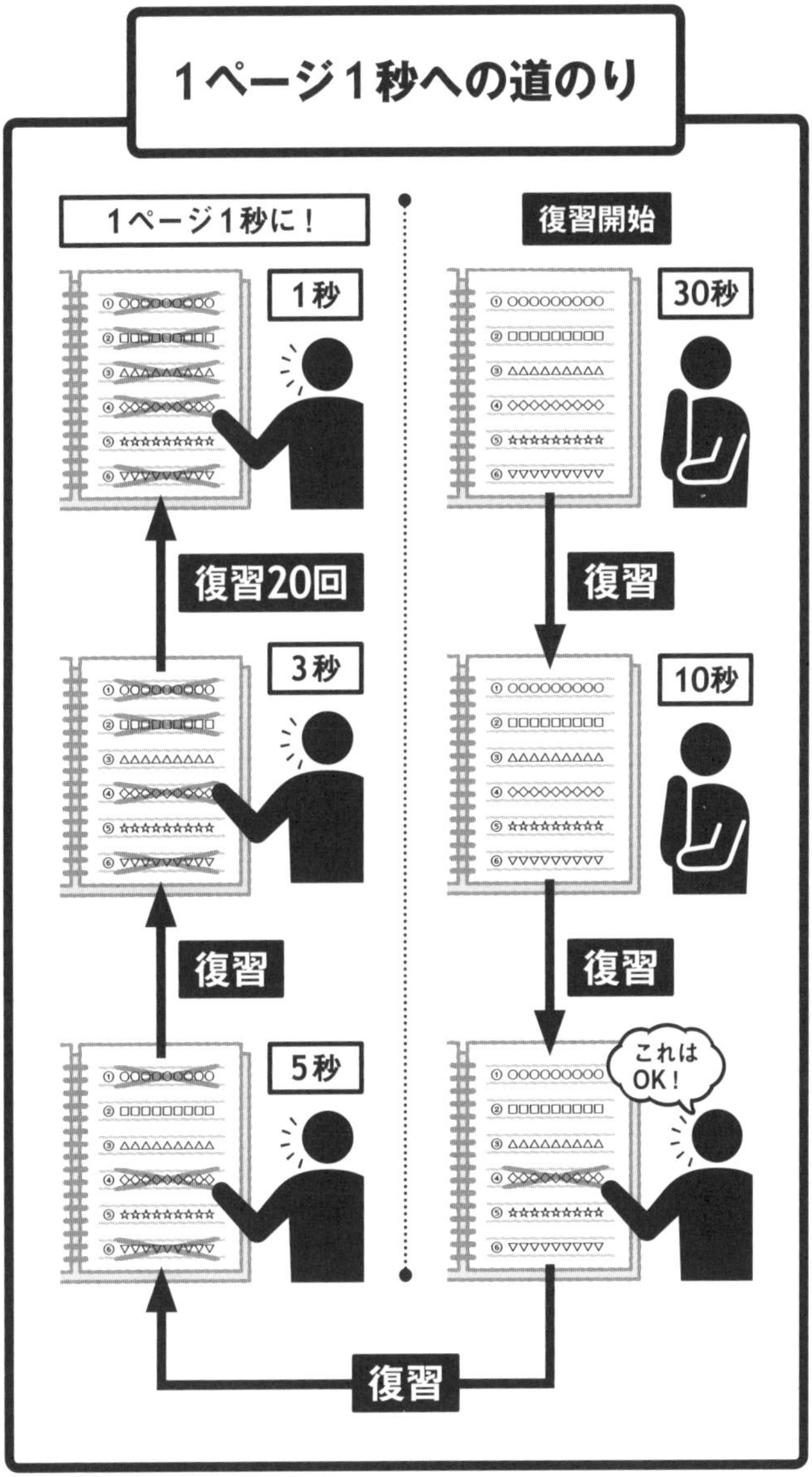
1ページ1秒への道のり
1ページ1秒に！
復習開始
30秒
復習
10秒
復習
これはOK！
復習
5秒
復習
3秒
復習20回
1秒

そうすれば、次に復習するときに、目に入らずに済むからです。

さらに10回復習したら、1ページにつき、3秒〜5秒くらいで読めるようになっています。

×をつける箇所も多くなっていき、1ページのなかの3分の2以上に×がついている状態になってきます。

そうすれば、**20回復習するころには、自然と1ページ1秒で復習できるようになっているのです。**

「×がついていない部分」だけを切り取って貼ろう

1ページのうち、3分の2に×がついている状態になれば、大切な部分は、残った

3分の1だけです。

切り取って貼れば、3ページ→1ページにまとめることができます。

ルーズリーフの裏面に何も書いていなければ、こうやって切り取っていくことができるのです。

切り貼りした1ページを20回復習すると、また、3分の2に×がつき、3分の1が残ります。

そうしたら、また同じことを繰り返すのです。

1ページにつき20回復習することを当たり前にしていくと、次に復習する時間が、どんどん短くなっていくのです。

One-Minute Tips for Effective Notebook Techniques

03

一問一答は4問までにとどめる

一問一答形式にして覚える場合は、1ページにつき、4問にしましょう。

よく使われるのは、カード形式にして、一問一答を覚えていくというやり方です。
確かに、これも一応は正解です。

そんななか、もっとスピードアップする方法があります。
それは、**1ページにつき、4問の一問一答を並べるのです。**

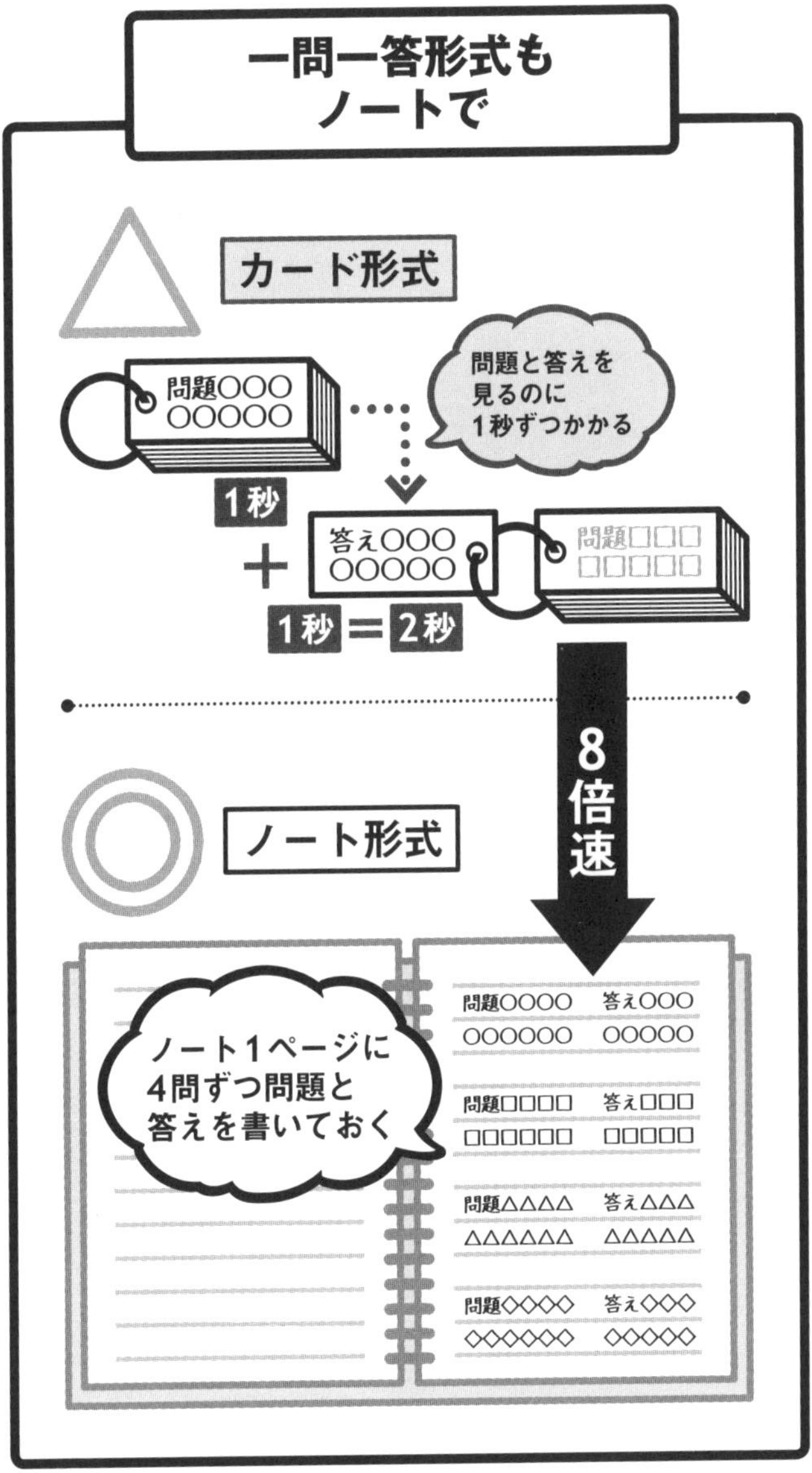
一問一答形式も
ノートで
カード形式
問題〇〇〇
〇〇〇〇〇
問題と答えを
見るのに
1秒ずつかかる
1秒
答え〇〇〇
〇〇〇〇〇
問題□□□
□□□□□
1秒＝2秒
8倍速
ノート形式
ノート1ページに
4問ずつ問題と
答えを書いておく
問題〇〇〇〇 答え〇〇〇
〇〇〇〇〇〇 〇〇〇〇〇
問題□□□□ 答え□□□
□□□□□□ □□□□□
問題△△△△ 答え△△△
△△△△△△ △△△△△
問題◇◇◇◇ 答え◇◇◇
◇◇◇◇◇◇ ◇◇◇◇◇

受験時代に、「一問一答形式は、同時に何問までなら、1秒で復習できるか？」を実験したところ、「4問までならできるが、5問以上は無理」だったのです。

カード形式だと、問題を見て1秒、カードをひっくり返して答えを見て1秒の2秒がかかります。

ノートに4問ずつ、問題と答えを書いておけば、1秒で済みます。

なんと、8倍速での復習が達成できるのです。

「そんなことできっこない」と思う方は、一度試してみてください。

20回以上同じことを復習していれば、4問1秒という時間短縮に成功できるのです。

一問一答をノートに書く場合は「1文字で2行を使う」大きさにする

一問一答形式の問題を書く場合は、変則的なノートの使い方になります。

ルーズリーフは使わず、A4のコピー用紙を横にして使うのです。

4分割に、縦と横の中心線で折ります。
左部分を問題、右部分を答えとして使うのです。

その際に、1文字の大きさは、いつものルーズリーフの2行分を使います。
縦14ミリを意識した大きさで、大きく書くのです。
もちろん、青のボールペンを使います。

左に問題が4問、右に答えが4つある状態にします。

一問一答の場合は、このくらいの大きな文字を使わないと、1ページ1秒では復習できないのです。

chapter 10

勉強を楽しくするためのノート術

One-Minute Tips for Effective Notebook Techniques

One-Minute Tips for Effective Notebook Techniques

01

シールを貼ると勉強が楽しくなる

chapter 10

自分の好きなアニメのキャラクターのシールをノートに貼ると、その教科が今より好きになります。

自分のテンションが上がるキャラクターを貼れば、勉強するときのテンションも上がります。

『ドラゴンボール』のスーパーサイヤ人のシールを貼れば、あなたも気合が入るはずです。

注意点は、自分が好きな科目、得意な科目の場合は、シール作戦はやらないほうが

シールは苦手科目のノートのみに貼る

嫌いな科目のノート

好きな科目のノート

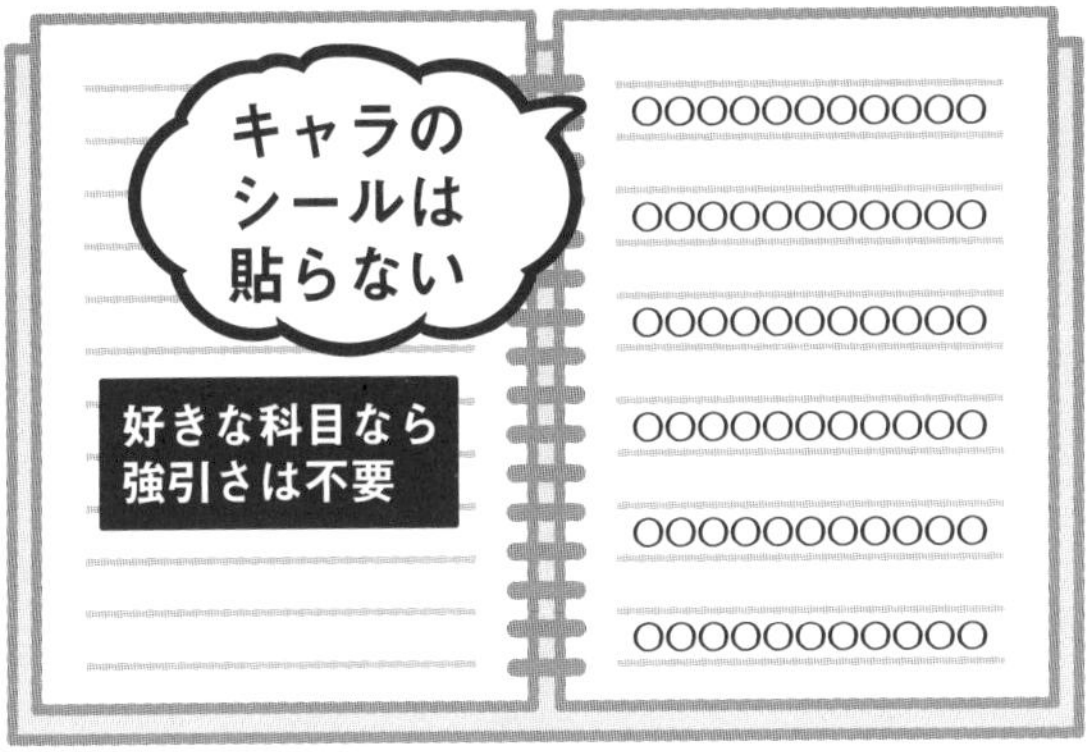

いいということです。

すでに好きな教科であれば、普通にしていても勉強が進むので、シールを見ている時間がもったいないのです。

嫌いな教科の場合にのみ、シールを使います。

嫌いなものに、大好きなシールを貼れば、その教科は嫌いでも、シールは好きなのですから、ノートを使って復習するようになるのです。

嫌いなものを強引に好きにするために、打てる手はすべて打ったほうがいいのです。

シールを活用して感情を勉強に取り入れる

勉強というのは、論理的な作業です。

そんななか、**感情を勉強に取り入れると、記憶がより定着するのです。**


「マジで？」「出た！」

「わーい！」「本当かよ！」

「やったー！」「かわいそう（涙）」

「すごくない？」「なるほど」

などと書いた「感情記憶シール」を自分で作るのです。

ノートに貼っておくだけで、感情とともに、記憶のフックになります。


「試験に出る！」「ここがポイント！」

「重要」「最重要」

「チェック」「何度も復習」

「覚えなくて大丈夫」

といった「暗記お助けシール」も作りましょう。

バンバン貼れば、ノートにメリハリができます。


「がんばってるよ！」「すごい！」

「天才だね！」「よくできました！」

「やるじゃん！」

といった自分を褒めてくれる「ホメホメシール」も作りましょう。

復習が終わるたびに貼ったりすれば、「これだけがんばったんだから、大丈夫だよな」という自信ができます。


楽しいシールをどんどん自作すれば、自分だけのオリジナルのノートが、もっともっと楽しいものになっていくのです。

オリジナルシールを作ってノートに貼ろう

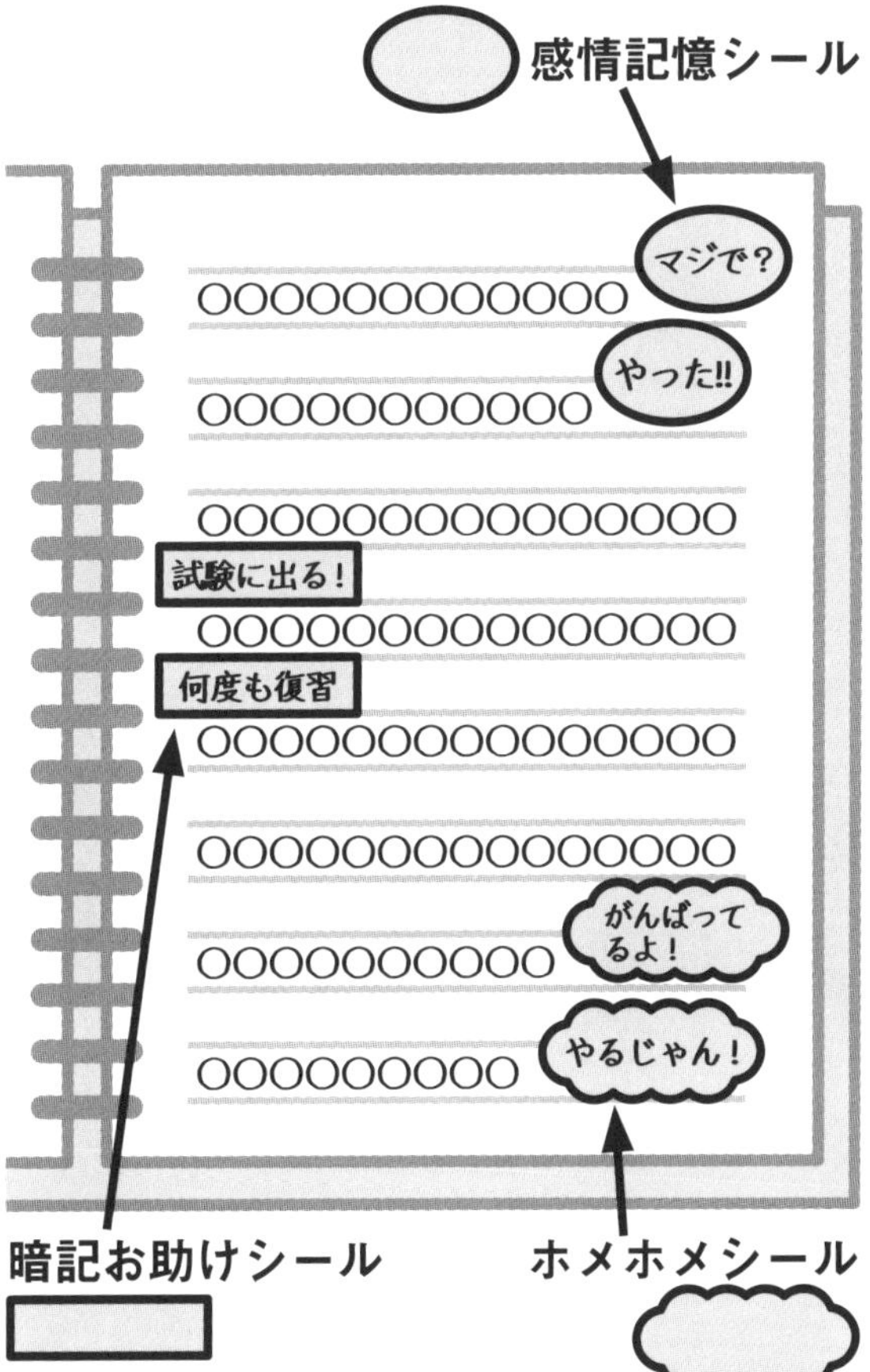
感情記憶シール
マジで？
やった!!
試験に出る！
何度も復習
がんばってるよ！
やるじゃん！
暗記お助けシール
ホメホメシール

勉強に感情を取り入れると記憶が定着する

One-Minute Tips for Effective Notebook Techniques

02

夢をノートに書くとモチベーションが上がる

モチベーションを上げるために、ノートに夢を書きましょう。

「ノートには勉強に関係すること以外は書いてはいけない」という風に、ガチガチに考えるのは、やめましょう。

モチベーションが上がることは、どんどんノートに書いていくのです。

受験であれば、「東大合格！」「慶應合格！」といった言葉を、何の脈絡もなく書いていいのです。

「かわいい彼女ができる！」

「素敵な彼氏！」

と突然書いても、いいのです。

それを見たときに、「やるぞ！」と思えたらいいのです。

親に見られたら恥ずかしい、友達に見られたら嫌だなぁということを、ためらいもなく書けるようになると、自分の夢に対して正直になれます。

途中で夢はどんどん変わって構いません。

ストレートに夢を追える自分に生まれ変わるために、ノートを取るのです。

03 「好きな芸能人の写真」をノートに貼る

大好きな芸能人の写真を、ノートに貼りましょう。
テンションを上げるためです。

インターネットで画像を検索して、プリントアウトして貼るのです。

部屋の壁には、好きな異性の芸能人の写真を貼るのは、おすすめしません。
みとれてしまったら、時間が無駄になるからです。

ノートであれば、みとれていたとしても、周りに書いてある重要なことが同時に目に入ってくるという効果が見込めます。

家に貼るポスターは、強い人、勝っている人のポスターを貼りましょう。

サッカー日本代表が勝利を収めている瞬間のシーンならば、あなたの潜在意識が「勝利」で満たされるでしょう。

東大の合格発表で、胴上げをされているシーンの写真もあれば、ぜひ、壁に貼っておきたいところです。

勝つというイメージを、部屋のなかに充満させるのです。

ちなみに、現在、私の部屋に貼ってある写真は、アーノルド・シュワルツネッガーのポスターです。

強さを象徴しているポスターを貼ることで、潜在意識を「強さ」で満たそうとしているのです。

部屋に貼るポスターは強い人、勝っている人

04 家中の「部屋の壁」を自分のノートにしよう

家の部屋の壁だって、工夫次第でノートになります。
部屋の壁に、A4の無地のコピー用紙を画鋲《がびょう》で留めます。
そこに、4色のポストイットをガンガン貼っていけば、壁中がノートになります。
世界史で覚えたいことがあれば、ポストイットに書いて、壁に貼ります。
そうすれば、寝る前や、通ったときに、無意識で目に飛び込んできます。

「これは覚えたいな」というページは、コピーをして、壁に貼り付けておきます。**壁をノートにしてしまえば、部屋のなかでぼーっとしているだけでも、勉強ができている状態になるのです。**

トイレは、毎日行く場所です。

トイレの壁にも、Ａ４の無地のコピー用紙を貼り付けましょう。

そこに英単語の青のポストイットを貼るのです。

毎日、トイレに入ったときに、無意識のうちに目に入れることができるので、すぐに黄・緑に昇格できるはずです。

家が２階建て、３階建てであれば、階段の両わきの壁も、使えます。

暗記のためには、部屋中をノートにしていくだけではなく、家のなかそのものをノートにしていけばいいのです。

家のなかに貼り付けられたノートが、あなたにとっては、最高のインテリアになるのです。

「1分間ノート術」を使えば、
もう今日から
天才への一歩を踏み出せる！

One
Minute

あとがき

私の部屋には、いつも直近の50冊以上の携帯用ノートが並んでいます。

切り取ったりしたあとには、残ったものは段ボールに入れていますので、数箱分の段ボールが倉庫にあります。

机のそばには、ルーズリーフが５００枚以上、置いてあります。

ルーズリーフのバインダーがパンパンになってくると、「これだけ勉強したんだな」という自信になります。

部屋の壁にも、Ａ４の無地の紙だらけです。

そこに、ポストイットがビシバシ貼られています。

エジソンは、3700冊のノートを遺しました。

ならば、あなたも3000冊は残しましょう。

みっちり書いて3000冊ではなく、ゆったり書いて3000冊でいいのです。

ルーズリーフの片面だけに書いて3000冊なので、本当は1500冊分かもしれません。

でも、そんなことは気にせず、3000冊を目標にしましょう。

片面だけ3000冊でも、3000冊は3000冊です。

1ページ1秒で復習できるノートが、3000冊分あったら、あなたはどうなっているでしょう？

きっとあなたは、人生で大成功を収めているはずです。
ノートを取ることで知識が増え、自信もどんどん湧いてくるのです。

いいノートが、いい人生を作る。

そう考えて、ノートを増やしていくのです。
あなたの人生がどんな人生になるのかは、あなたのノート次第なのです。

石井貴士

追伸

「ココロ・シンデレラ・ダイアリー」は、石井貴士公式サイトで、無料でダウンロードができます。ぜひ、今すぐに、ダウンロードしていただければうれしいです。

「ココロ・シンデレラ・ダイアリー」の無料ダウンロードはこちらから

http://www.kokorocinderella.com

石井貴士（いしい たかし）

作家。（株）ココロ・シンデレラ代表取締役。

1973年愛知県名古屋市生まれ。東京都町田市立つくし野中学校卒。私立海城高校卒。代々木ゼミナール模試全国1位、Z会慶応大学模試全国1位を獲得し、慶應義塾大学経済学部に合格。ほとんど人と話したことがないという状態から、テレビ局のアナウンサー試験に合格。アナウンサー在職中に、「アナウンサーを辞めて、ゼロからスタートしてビッグになったら、多くの人を勇気づけられるはず！」と思い、本当に局アナから無職に。その後、世界一周旅行に出発し、27カ国を旅する。帰国後、日本メンタルヘルス協会で「心理カウンセラー資格」を取得。2003年に、（株）ココロ・シンデレラを起業。著書『本当に頭がよくなる１分間勉強法』（中経出版）は57万部を突破し、年間ベストセラー１位（2009年 ビジネス書 日販調べ）を獲得。現在、著作は合計で47冊。累計150万部を突破するベストセラー作家になっている。

本当に頭がよくなる１分間ノート術

2014年7月2日　初版第1刷発行

著者　石井貴士
発行者　小川 淳
発行所　ＳＢクリエイティブ株式会社
〒106-0032　東京都港区六本木2-4-5
電話　03-5549-1201（営業部）
装丁　重原 隆
本文デザイン・DTP　斎藤 充（クロロス）
編集協力　藤吉 豊（クロロス）、岸並 徹
写真提供　アマナ
編集担当　吉尾太一
印刷・製本　中央精版印刷株式会社

ISBN978-4-7973-7730-9